JN069892

一次史料が明かす南京事件の真実

アメリカ宣教師史観の呪縛を解く

池田 悠

展転社

序

南京事件に関しては、これまで様々な角度から研究されているにもかかわらず、戦後七十年以上が経つ今なお、被害者数はもとより、事件の有無すらも、全く一致を見ていない。

南京事件があったとする人々（数十万人の大虐殺はなかったが、数万人程度の虐殺はあったという中間派も含む）は、日本軍による虐殺事件とされるものを積み上げるも、一つの事件ですら、発生日時場所、加害者、被害者、経緯を明らかにした、虐殺事件として確定できるものがない。

一方、南京事件がなかったとする人々においては、南京事件は中国側の反日プロパガンダであるとし、そもそも南京城内の市民人口が減少していないことや、中国側の国際宣伝組織の活動、そして反日プロパガンダに加担した一部の欧米人の存在などを明らかにするも、なぜ現地にいた第三者とされる数多くの欧米人が、南京事件についての何らかの記録を残しているのか、という根本的な問いへの明確な答えを持っていない。どちらの方向性にせよ、このまま従来の方針の延長でどれほど研究を進めても、永遠に結論には達しないものと思われる。

そこで原点に返り、南京事件が報告された当時の資料を眺めると、従来の研究に一つ、抜けている視点があることを指摘できる。それは、南京に残留した外国人の六割以上（二十二人中十四人）を占めた、アメリカ宣教師団に関しての研究である。彼らこそが当時、現地から南京事件を発信した人々である。そして後に東京裁判において、実際に出廷して南京事件の実在を証言したのも彼らであり、欧米側の提出記録の中で圧倒的なボリュームを占めたのも、やはり彼らアメリカ人宣教師たちの記録であった。現在、一般に流布している南京事件の見方は東京裁判の延長にあるので、要するにこれはアメリカ宣教師団の主張に沿った〝アメリカ宣教師史観〟と言えるだろう。

このようにアメリカ宣教師団の証言は南京事件を成立させる上で決定的に重要な位置を占めていることが明白であるのに対し、南京に残留したアメリカ宣教師団の総意として、何を目指していたのか、またその背景は何か、といったアメリカ宣教師団そのものについての研究はほぼない。

これまで、一部の宣教師個人についての研究は存在したが、南京に残留した多くの宣教師たちが、それぞれ事件について何らかの発信をしている以上、一部の宣教師のみを取り上げ、個々人の中国政府との関係性等により信頼性を判定しても、決して問題の全面的な解決には繋がらない。

彼らアメリカ宣教師団は、プロテスタントの中国布教という大きな目標を共有する結束ある集団であり、南京においては多くのメンバーが一つ屋根の下で生活し、一体となって活動していたのである。個々の宣教師の活動は、基本的に南京残留アメリカ宣教師団としての組織的活動の一部として考えることが適切であろう。この南京に残留したアメリカ宣教師団の組織としての意思決定や行動を認識することで初めて、南京事件を総体的に理解することができるのである。

そこで本書では、南京に残留したアメリカ宣教師団の意図や行動、またその背景を、主に欧米の一次史料を基に明らかにすることに重点を置く。結果、一見、複雑に見えるこの「南京事件」が、実は、あまりに単純な構造であることを読者は理解されることと思う。本書が、これまで続いた不毛な南京事件論争に終止符を打ち、また、今後の国際関係等を考慮する上での示唆となることを願っている。

一次史料が明かす南京事件の真実◎目次

装幀　古村奈々＋Zapping Studio

第一部　南京事件の研究

第一章　南京事件の発信源の特定——アメリカ宣教師団

1．南京事件の舞台

本書では、南京事件の発信源がアメリカ宣教師団であることを論証した上で、論を進めたい。発信源を特定するためには、まず南京事件が起きたとされる当時の南京の置かれた状況を把握し、その上で、現地に誰がいたのかを明確にする必要がある。当然のことであるが、現地にいなくては事件の目撃も検証もできない。

ではまず、この南京事件の舞台の中心、南京城内を取り巻く状況を確認しよう。

(1) 城塞都市南京

日本国内で不思議とあまり知られていないが重要な事実は、南京は城塞都市、つまり城壁に囲まれた都市であったということである。南京城内の広さは、約三十五キロ平米（葛飾区程度）であるが、その周囲を十〜二十メートル程度の高い城壁に囲まれ、堅固な城門を備えていた（例：代表的な城門の一つ中華門は高さ二十五メートル）。城内、城外の区切りは明確であり、城門を管理することで出入りの管理をすることは容易であった。

（２）周辺は焼け野原

そして、南京城攻防戦（一九三七年十二月十日　総攻撃開始）の前に、南京城周辺は中国軍の清野作戦によって焼き払われていた。以下の証言で明らかであろう。

「ＵＰ通信〔正しくはＡＰ通信〕のマクダニエル氏が今日話してくれたところでは、昨日句容〔南京南東約30㎞〕に行ってみたが、人が住んでいる村はただの一つもなかったそうだ。全ての村人は中国軍に連れ出され、そして村は焼き払われた。焦土作戦そのものだ」（一九三七年十二月六日　ヴォートリン）

「中国軍は城壁の周辺の家々を焼き払うのに忙しく、焼け出された人たちを我々の下〔城内の安全区〕に送り込んでくる」（一九三七年十二

城外南から見た中華門

月八日　ラーベ）

「今夜は南京市の南西隅全体の上空を火炎が照らしている。午後はほとんど、北西以外のすべての方角から濛々と煙が立ち昇っていた。中国軍の狙いは、すべての障害物、例えば銃撃の邪魔になる物や、日本兵が待ち伏せしたり身を守るのに役立つ物を取り除くことなのだ」（一九三七年十二月九日　ヴォートリン）

※記録者のラーベ氏、ヴォートリン氏は、Ｐ一四―一五【南京の欧米人名簿】参照

周辺は焼け野原ということは、つまり、南京城内は周辺から孤立していたということを意味する。

（３）日本軍による出入り制限

そして一九三七年十二月十三日、日本軍は南京城に入城した後、南京城の出入りを制限した。これに関して、欧米側・日本側双方の記録は、一致している。

「日本軍は誰も南京に入れようとしない」（一九三七年十二月二十八日　ラーベ）

「日本軍は我々欧米人を城壁の外に出したがらない」（一九三八年一月五日　ラーベ）

「〔日本軍は〕南京の出入りを禁止している」（一九三八年一月二十六日　ラーベ）

「アメリカ本国の人たちは、南京に入ることがほとんど不可能であることを理解していない」（一九三八年二月十六日　ヴォートリン）
「今朝ラーベ氏が出発した。彼は使用人一人を連れていった。私の知るかぎりでは、この男が、南京から出ることを許された三人目の中国人だ」（一九三八年二月二十三日　ヴォートリン）
「難民の城門の通行に関しては、厳重にこれを制限しありしも、情勢の推移に鑑み、漸次これを緩和し、二月二十五日以降、無制限通行を許可したり」（一九三八年二月末　特務機関報告二月中状況）

これらより、南京戦以後、南京城内は孤立した一種の閉鎖空間と見做せることが明らかであろう。それでは次に、この閉鎖空間であった南京城内にいた第三者を明らかにしよう。

2. 南京にいた第三者（＝欧米人）の特定

日本人、中国人以外の、南京にいた第三者といわれる人々は、基本的に欧米人である。彼らは、在留時期によりいくつかのグループに分けることが出来る。そのグループごとに在留者を分析していこう。

（1）南京残留欧米人二十二名

まず、南京城攻防戦の前から南京城内に残留し、そのまま南京にとどまり、基本的には日本軍が南京の出入りを自由化するまで、ずっと南京にいた人々を分析しよう。彼らこそが、南京事件を通して目撃することが可能であった人々である。幸い当時、残留した当事者たちが整理して日本側に提出したリストがある。ここに、残留した二十二人が明確である（正確には、クレーガー氏は一九三八年一月二十三日、フィッチ氏は一九三八年一月二十九日に南京を離脱）。

【南京の欧米人名簿】（一九三七年十二月二十一日　南京安全地帯の記録）

	氏名	国籍	所属団体
1	ジョン・H・D・ラーベ氏	ドイツ	シーメンス社
2	エドゥアルド・スパーリング氏	ドイツ	上海保険
3	クリスチャン・クレーガー氏	ドイツ	カルロヴィッツ社
4	R・ヘンペル氏	ドイツ	北ホテル
5	A・ツアオティッグ氏	ドイツ	キーセリング・バーデル
6	R・R・ハッツ氏	オーストリア	安全地帯機械工
7	コーラ・ポドシヴォロフ氏	ロシア（白系）	サンドグレン電気店
8	A・ジアル氏	ロシア（白系）	安全地帯機械工

9	C・S・トリマー医師	アメリカ	大学病院
10	ロバート・O・ウィルソン医師	アメリカ	大学病院
11	ジェームズ・マッカラム師	アメリカ	大学病院
12	ミス・グレース・バウアー	アメリカ	大学病院
13	ミス・イヴァ・ハインズ	アメリカ	大学病院
14	M・S・ベイツ博士	アメリカ	南京大学
15	チャールズ・リッグズ氏	アメリカ	南京大学
16	ルイス・S・C・スマイス博士	アメリカ	南京大学
17	ミス・ミニー・ヴォートリン	アメリカ	金陵女子文理学院
18	W・P・ミルズ師	アメリカ	北部長老派教会
19	ヒューバート・L・ソーン師	アメリカ	南京神学院
20	ジョージ・フィッチ氏	アメリカ	YMCA
21	ジョン・マギー師	アメリカ	アメリカ教会伝導団
22	アーネスト・H・フォースター師	アメリカ	アメリカ教会伝導団

さて、このリストでは、ドイツ人、オーストリア人、ロシア人、アメリカ人、と並んでいるが、最後の、アメリカ人（No.9-22）にご注目頂き、次の南京残留宣教師リストと比べてい

ただきたい。

【南京残留宣教師リスト】（一九三七年十二月十四日　エドウィン・マルクスからアレクサンダー・ポールへの手紙　Yale*）

以下が、南京の城門が閉鎖された時点で、市内にとどまったキリスト教奉仕者のリストである。

		支援組織	仕事
M・S・ベイツ	（14）	UCMS	南京大学
ミス・グレース・バウアー	（12）	大学病院	大学病院
G・A・フィッチ氏	（20）	YMCA	YMCA
E・H・フォースター氏	（22）	アメリカ教会伝導団	AMC
ミス・イヴァ・ハインズ	（13）	大学病院	大学病院
J・H・マッカラム	（11）	UCMS	南門モルモン教会
ジョン・G・マギー	（21）	アメリカ教会伝導団	AMC
W・P・ミルズ	（18）	合衆国長老派教会	長老派教会
チャズ・H・リッグズ	（15）	アメリカ伝道委員会	南京大学

ルイス・S・C・スマイス　〔16〕　UCMS　南京大学
ヒューバート・L・ソーン　〔19〕　南メソジスト伝道団　南京神学院
ミニー・ヴォートリン　〔17〕　UCMS　金陵女子文理学院
ロバート・ウィルソン医師　〔10〕　大学病院　大学病院
〔UCMS：United Christian Missionary Society　YMCA：キリスト教青年会〕
※名前下の〔数字〕は、前掲の【南京の欧米人名簿】における番号（著者挿入）

すると、南京に残留したアメリカ人は、C・S・トリマー医師を除いて宣教師リストと一致することをご確認いただけるであろう。彼らの所属は、南京大学・大学病院等様々であるが、要するに、彼らは宣教師である（これは、宣教師と一般の職業を兼業しているということではなく、「宣教」が主であり、宣教行為の一環として教育伝道・医療伝道に携わっているということである）。

また、宣教師リストには漏れているC・S・トリマー医師も、残留欧米人の一人、ドイツ人ラーベ氏の日記と残留者の照合により、宣教師とわかる。

「国際委員会が発足した。主要メンバーはアメリカ人の鼓楼病院〔＝大学病院〕の医師たちと南京大学の教授たち。全員宣教師だ」（一九三七年十一月十九日　ラーベ）

日記でラーベ氏は、複数人のアメリカ人医師に会い、宣教師だと記録している。医師はトリマー氏とウィルソン氏の二名のみなので、トリマー氏も宣教師と確認できる。要するに、南京に残留したアメリカ人は全て宣教師なのである。残留欧米人の二十二人の内、十四人もがアメリカ人宣教師という、一つの宗教集団（プロテスタント）が占めていたのである。非常に特徴的な人員構成であったということをご理解いただけるであろう。

（２）日本軍入城後南京を離れた記者たち

さて、次に、日本軍の入城した一九三七年十二月十三日には南京城内におり、十二月十五日（マクダニエル氏は十二月十六日）に南京を離れた記者たちをご紹介しよう。アメリカ人とイギリス人計五名である。簡潔に名前を挙げておく。

名前	国籍	所属
レスリー・C・スミス	イギリス	ロイター
アーチボルド・トロジャン・スティール	アメリカ	シカゴデイリーニューズ
フランク・ティルマン・ダーディン	アメリカ	ニューヨークタイムズ
チャールズ・イェーツ・マクダニエル	アメリカ	AP通信
アーサー・ボン・ブリーセン・メンケン	アメリカ	パラマウント・ニューズリール

（3）一月六日以降に南京に帰任した外交官たち

そして次のグループが、各国の大使館員である。各国の大使館員は、南京城攻防戦の始まる前に、それぞれ南京を離脱し、一九三八年一月初旬以降に再度南京に戻った。米国大使館のエスピー氏によると、彼らが南京に帰還した時には、南京事件の一番激しかった時は終わっていたという。メンバーの名前と、南京への帰還日を列挙しておく。

名前	国籍	所属	帰還日
ジョン・M・アリソン	アメリカ	アメリカ大使館	一月六日
J・エスピー	アメリカ	アメリカ大使館	一月六日
A・A・マクファディアン	アメリカ	アメリカ大使館	一月六日
ゲオルグ・ローゼン	ドイツ	ドイツ大使館	一月九日
P・シャッフェンベクルク	ドイツ	ドイツ大使館	一月九日
A・ヒュルター	ドイツ	ドイツ大使館	一月九日
H・プリデュオ・ブルーン	イギリス	イギリス大使館	一月九日
L・フレーザー大佐	イギリス	イギリス大使館付き武官	一月九日

……

一月後半以降、先の残留の二十二名の内、クレーガー氏やフィッチ氏が南京を離れる一方、別途、大使館員も含め他の欧米人の入城があるなど多少の出入りはあったが、南京事件の一番激しかったとされる時期は、上記大使館員の帰還時にすでに終わっており、その後入城した人々に特筆すべき目撃記録があるとも聞かないので、それ以後の南京城入城者はここでは省く。

（4）その他

また別途、独自に南京を出入りした欧米人も挙げる。

①P・R・シールズ（Shields）氏

イギリス人のシールズ氏は、南京安全区国際委員会（後述）のメンバーであり、国際輸出社支配人である。彼の書いたものは特に残っていない。しかし、アメリカの駐日外交官であったカボット・コヴィル（Cabot Coville）氏が、一九三八年四月南京を視察した際、シールズ氏に会い、直接話を聞いたものがコヴィル氏の日記に残っている。

「国際輸出社〔International Export Company〕の南京支配人のイギリス人シールズは、スカラブ号の特待客である。彼は南京陥落時もそこに留まり、十二月二十三日に南京を去ったのだが、三月に日本軍の許可なく南京に戻った。ビジネス関係者の出入りは未だ許可されていないので、彼の南京の出入りは秘密なのである」（一九三八年四月二十五日　コヴィル）

シールズ氏は南京陥落後もしばらく南京にいたようだが、先の一九三七年十二月二十一日付の、国際委員会により日本側に提出された残留欧米人リストに含まれていない。これはシールズ氏が国際委員会の行動に批判的であり、別行動をとっていたためと思われる。

このシールズ氏からの聞き書きを含むコヴィル氏の中国訪問日記は、帰国後に上司である、アメリカ駐日大使ジョセフ・C・グルーに報告され、そしてグルー大使経由でアメリカ国務省にも報告された。

②ベルナルド・アープ・シンドバーグ（Bernhard Arp Sindberg）氏
デンマーク人のシンドバーグ氏は南京から北東方面へ車で一・五時間ほどの棲霞山のセメント工場で働いており、そこにドイツ人のギュンター氏と共にいた。ギュンター氏の実在は、シャッフェンベルク氏の記録（一九三八年一月十三日）より確認できる。

このシンドバーグ氏は一九三七年十二月二十日以降、南京を度々訪れ、ラーベ氏の日記に何度も登場する（十二月二十日、二十三日、一月二十三日、二月十一日）。概ね閉鎖空間であった南京に於いて、奇妙なことに、彼だけは出入り自由であったかのようである。オーストラリアのモナシュ大学で南京事件を研究されているデヴィッド・アスコー（David Askew）氏はレポート『The International Committee for the Nanking Safety Zone: An Introduction』P二〇で、シンドバーグ氏のこの出入りを「ミステリー」と形容されている。

まとめ

南京戦以後、日本軍が城内への出入りを制限したこともあり、物理的に南京城内は一種の閉鎖空間であった。その中で、南京にいた第三者といわれる欧米人を纏めると以下の人々になる。

(1)残留者リストにある、アメリカ人宣教師たちを中心とした二十二人が、南京事件があったとされる全期間、南京にいた人々である(クレーガー氏、フィッチ氏は一月下旬に南京を離脱)。

(2)新聞記者たちは、日本軍入城後の一九三七年十二月十三日から十五日(マクダニエル氏は十六日)までいた。

(3)米・独・英の大使館員たちが南京に戻ったのは、一九三八年一月六日以降である。しかしこの頃には、アメリカ大使館員エスピー氏によると、南京事件が一番激しかったといわれる時期は終わっていた。

(4)別に、短期間であるが、シールズ氏、シンドバーグ氏も南京に滞在していたようである。

これらが、南京事件を目撃した可能性のある欧米人である。以上の残留者を頭において、南京事件の発信源を確認しよう。

3．南京事件の発信源の特定

さて、先のグループごとに、現地にいた人々の発信を確認しよう。

（1）南京残留欧米人二十二名によるもの

①アメリカ人宣教師たちの日記・手紙類

残留者リストで確認したように、残留した二十二人の欧米人の内、十四人を占めるアメリカ人宣教師たちが最大勢力である。彼らアメリカ人宣教師たちは、所謂南京事件の期間中、様々日記・手紙を書いている。具体的記述に欠けるものが多いが、現地で南京事件を体験した当事者としての記録となっている。『大虐殺の目撃者たち：南京での日本の虐殺を書き残したアメリカ人宣教師たち（Eyewitnesses to massacre: American missionaries bear witness to Japanese atrocities in Nanjing）』（M. E. Sharpe）には、残留者のベイツ氏、フィッチ氏、フォースター氏、マギー氏、マッカラム氏、ミルズ氏、スマイス氏、ヴォートリン氏、ウィルソン氏（収録順）の文書が収録されている。

南京事件研究書『彼らは南京にいた（They were in Nanjing）』（Hong Kong University Press）を著したSuping Lu氏によると、アメリカ人宣教師たちはイヴァ・ハインズ氏を除く十四人中十三人が、何らかの日本軍による事件を記録しているとのことである。よって、ここでは、ほぼ全てのアメリカ人宣教師が、南京事件を発信していることを把握しておきたい。

②国際委員会による事件記録

ここで、国際委員会による事件記録についても触れておこう。国際委員会（南京安全区国際委員会）とは、市民保護のために安全地帯を設定することを目的に、一部の残留外国人が組織したものであるが、

「国際委員会が発足した。主要メンバーはアメリカ人の鼓楼病院（＝大学病院）の医師たちと南京大学の教授たち。全員宣教師だ」（一九三七年十一月十九日　ラーベ）

とのラーベ氏の記録からわかるように、実質アメリカ人宣教師たちが取り仕切っていた（国際委員会の詳細は、第三章でご説明させていただく）。

その国際委員会は日本軍による事件とされるものを、日々取り纏め、日本を含む各国大使館等に通知した。多くは中国人からの訴えであったが、国際委員会によると、この事件簿に掲載されている事件記録は、国際委員会によって検証されたものであった。

「これら事件は国際委員会の外国人のメンバーやスタッフにより検証済みである」（一九三七

年十二月十六日　南京安全地帯の記録）

この国際委員会が、中国人による諸々の訴えを、精査・検証して正式に事件と見なして記録し、各国大使館等に公に発信したのである。要するに単なる訴えを検証の上で事件化したのは、国際委員会であった。国際委員会の実態はアメリカ宣教師団であるので、国際委員会による発信も概ねアメリカ宣教師団の発信と見做せるのである。

ちなみにこの事件記録は、国際委員会からの日本側への要望と共に纏められ、『南京安全地帯の記録（Documents of the Nanking Safety Zone）』として、一九三九年三月に上海でKelly & Walsh社から出版されている。

③ラーベ日記

アメリカ人宣教師以外の残留者の記録を確認すると、具体的な事件を記しているのは、国際委員会委員長のラーベ氏の日記ぐらいである。当時刊行されたわけではないが、ラーベ氏の日記は公開を予定して書かれ、宣教師フィッチ氏によって、上海に持ち出された。そして、戦後の一九九七年、エルヴィン・ヴィッケルト氏により、纏められ公刊された。当時公表されたわけではなく、ラーベ本人による事後的な修正も指摘されるが、概ね当時の記録とされているので、ここで内容を検証しよう。

ラーベ日記の内容を確認すると、日本軍による虐殺の目撃記録はない。ただ、一方で虐殺の目撃者とされる人々からの伝聞は多々ある。一部、中国人からの伝聞もあるが、多くを占めるのがアメリカ人宣教師たちによる報告である。

以下、少々例を挙げる。

「リッグズ〔宣教師〕が今日の視察の報告書を持ってきた。

・うつろな目をした女性がひとり、通りをさまよっていた。彼女は病院に運ばれ、そこで十八人家族のたった一人の生き残りだと分かった。残りの十七人は射殺されるか、銃剣で突き殺された。彼女の住まいは南門の近くだった。

・また、同じ地域に住んでいた別の女性は、我々の収容所の一つに弟と共に収容されているが、両親と三人の子供を亡くした。全員日本兵に射殺された。父だけでも埋葬したいと、なけなしの金で棺を買ったところ、日本兵が棺をこじ開け、亡骸を道路に放り出した。中国人に埋葬は必要ない、というのが彼らの言い分だった」（一九三八年一月七日　ラーベ）

「マギー〔宣教師〕がまたしても悪い知らせを集めてきた。日本兵が手に入れることができるすべての食用の家畜を捕まえているという。ちかごろは、中国人の若者を使って豚を捕まえさせている。手間取ったり、捕まえることができなかった若者たちは、銃剣で突き刺された。なかの一人は内臓が外に垂れ下がっていたという」（一九三八年一月二十二日　ラーベ）

ラーベ氏は、これら報告を聞いて以下の所感を記している。

「目撃者からこんな報告ばかり聞かされていると、気分が悪くなる。日本軍は釈放された犯罪者の寄せ集めというのがふさわしい」（一九三八年一月二十二日　ラーベ）

このように、目撃報告を正式に事件としてラーベ氏に届けたのは、アメリカ人宣教師たちである。ラーベ日記における日本軍による虐殺報告の発信源もまた、アメリカ人宣教師たちなのである。

④雑誌・書籍

また、残留者の記録が掲載された、主な雑誌、書籍を確認する。これらは現地からの手紙、当時の日記、また体験者の談話に基づいている。

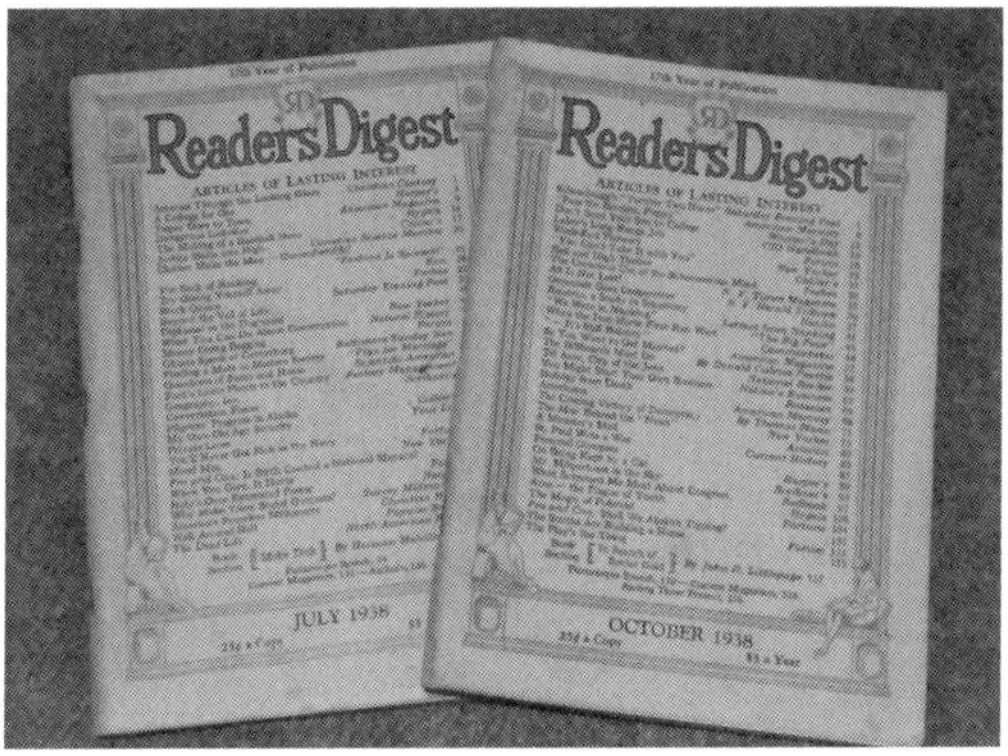

リーダーズ・ダイジェスト

A『リーダーズ・ダイジェスト（Reader's Digest）』一九三八年七月号、一九三八年十月号

当時から、アメリカの数少ない全国誌であり、海外でも広く読まれていた『リーダーズ・ダイジェスト』に南京事件の記録がある。同誌の一九三八年七月号では、雑誌Ken（シカゴ）六月号の記事の要約として、「中国駐留二十年で、陥落後も南京に残った、あるアメリカ人からの聞き書き」という、『南京の略奪（The sack of Nanking）』が掲載された。

そして、同年十月号の『我々は南京にいた（We were in Nanking）』では再度南京事件の記録が掲載された。興味深い内容なので、十月号の前書きをご紹介する。

「『南京の略奪』は、雑誌Kenの記事の要約として、七月のリーダーズ・ダイジェストで発表された。『先の大戦の間、一般大衆に流布されたものを想起させる、ひどい明らかなプロパガンダと同程度の信憑性で信じることは出来ない』と、ある購読者は手紙を寄せた。同様のコメントは多くの読者から寄せられた。しかし、この身の毛のよだつ物語は真実であった。かなり苦労して、リーダーズ・ダイジェストは、その恐ろしい日々に南京に滞在した一握りのアメリカ人達から手紙を収集した。これら手紙は、血塗られた場面に慣れ、そして科学的な正確さで言葉にするよう訓練された外科医、自らの任命組織に報告する宣教師たちや教師たち、そしてYMCA勤務者により書かれたものである。我々が目にした資料は、丸々雑誌一号分にもなるが、それらすべてが以下の典型的な抜粋を補強するものである。（明らかな理由のために、書き手の名前は控えさせていただく）」

以下、本文で南京事件らしきものを記録した手紙の引用が続くが、これは省く。ここで注目したいのは、「南京に滞在した一握りのアメリカ人達」の例として、外科医、宣教師、教師、ＹＭＣＡ勤務者、と様々な職業の人々の記録としていることである。これら多様な人々の証言であるように書かれているが、最初に確認いただいた残留者リストから明らかなように、残留者のアメリカ人は全員宣教師である。

ちなみに現在では、一九三八年七月号で引用された記録はフィッチ氏、同年十月号に引用された記録はウィルソン氏、ベイツ氏、フィッチ氏によるものと判明している。

Ｂ『戦争とはなにか（What War Means- Japanese Terror in China）』一九三八年七月　英・米・中にて出版

編者は、マンチェスターガーディアン紙の記者ティンパーリ氏であるが、ティンパーリ氏は、先の残留者のリストをご確認頂ければわかるよう、当時南京にはいない。そこで、この書籍においては、南京事件について、名前を伏せつつ宣教師のベイツ氏とフィッチ氏の記録が採録され、末尾に、国際委員会が記録した南京安全区の事件簿の一部が掲載されている。先に確認したように、国際委員会は実質、アメリカ宣教師団である。よってこの本の情報源も、結局、アメリカ宣教師団に集約されるのである。

C『南京地区における戦争被害（War Damage in the Nanking Area)』一九三八年十月頃　上海にて出版

宣教師のスマイス氏が実施した調査により、南京での戦争による被害を纏めた、一見科学的に見える調査報告である。日本軍による市民虐殺を二千四百人としている。ベイツ宣教師が序文を書いていることも付記しておく。

これらより、残留者二十二人に於ける南京事件の発信源は、いずれもアメリカ宣教師団へと集約されることをご理解いただけたと思う。

(2) 日本軍入城後南京を離れた記者たちによるもの

一九三七年十二月十五日（マクダニエル氏は十六日）に南京を離れた新聞記者たちは、南京事件をそれぞれ発信している。彼らの発信を確認しよう。

まず、一連の初報といわれる記事を列挙する。

	メディア	発信者
十二月十五日―十八日	シカゴデイリーニューズ（米）	スティール
十二月十七日	ワシントンポスト（米）	メンケン

十二月十八日　　　　　　タイムズ（英）　　　　　　　　　特派員
十二月十八日、十九日　ニューヨークタイムズ（米）　　　ダーディン
十二月二十五日　　　　サウスチャイナモーニングポスト（英領香港）　匿名

右記のように、南京を離れた新聞記者たちは、それぞれに日本軍の虐殺行為を伝えた。しかし、実はこれらの記事は別個のものでなく、共通で彼らの記事の基となったものがある。

「その本〔『戦争とはなにか（What War Means- Japanese Terror in China）』〕には、十二月十五日に、当日南京を離れようとしていた新聞記者それぞれに利用してもらおうと、私が準備した声明が掲載されています」（一九三八年四月十二日　ベイツの回状　*Yale）

要するに、ベイツ宣教師が用意した声明が、これら新聞記事の情報源になっているのである。

南京事件研究者の冨澤繁信氏は『南京事件の核心』（展転社）P一四二で、ベイツ氏の用意した声明と彼ら記者たちの記事を比較している。

その結論を要約すると、記事の中には、「南京在住の外国人が上海の友人に送った手紙」とベイツ声明をソースとして示し、ほぼベイツ声明そのままの内容の記事（サウスチャイナモー

ニングポスト）だけでなく、「生命の危険を冒して南京に残留した記者の目撃談」と、記者による目撃談として報道したり（シカゴデイリーニューズ）、さらにベイツ声明に潤色・増幅を加えた記事もあるが、結局内容はベイツ声明に準ずるとされている。

それでは、具体的に比較してみよう。

「市内を見まわった外国人は、このとき、通りには市民の死体が多数ころがっていたと報告しています。南京の中心部では、昨日（十四日）は一区画ごとに一個の死体がかぞえられたほどです。死亡した市民の大部分は、十三日午後と夜、つまり日本軍が侵入してきたときに射殺されたり、銃剣で突き殺されたりしたものでした」（ベイツ声明『日中戦争史資料9 南京事件Ⅱ』河出書房新社 P二一四）

「市内の通りはいたるところに市民の死体」「何千人もの生命が犠牲となったが、多くは罪のない市民であった」「私は、日本軍が無力な住民を殴ったり突き刺したりしているのを見た」（シカゴデイリーニューズ：スティール『南京事件資料集1 アメリカ関係資料編』青木書店 P四六六—四六八）

スティール記者の記事は、ベイツ声明を基にしつつ、内容を潤色、増幅、そして目撃談への置き換えが行われていることが見てとれるだろう。

「元中国兵として日本軍によって引き出された数組の男たちは、数珠つなぎにしばりあげられて射殺されました」「難民区内のある建物から、日本兵に脅迫された地元の警官によって、四〇〇人が引き出され、五〇人ずつ一組に縛られ、小銃をもった兵隊と機関銃をもった兵隊にはさまれて護送されてゆきました。目撃者にどんな説明がされても、これらの人びとの最期は一目瞭然でした」（ベイツ声明　同）

「難民区のある建物で四〇〇人の男子が捕まった。彼らは五〇人ずつ一群に数珠つなぎに縛られ、小銃を持った日本兵と機関銃兵の隊列にはさまれて、処刑場へと護送された。記者は上海行きの船に乗船する直前、バンド（＝埠頭）で二〇〇人の男子が処刑されるのを見た」（ニューヨークタイムズ：ダーディン『日中戦争史資料9　南京事件Ⅱ』P二八一）

ダーディン記者においても、ベイツ声明を基にしていることが明らかであろう。このように、日本軍入城時まで南京にいた新聞記者たちによる南京事件報道は、結局ベイツ宣教師の声明に基づくのである。

また、この南京事件の初報以後、欧米・中国の様々な新聞で似たような記事が現れるが、既に記者たちは南京を離れている。よって、それ以後の同様の記事は単なるこれらの記事の潤色・増幅に過ぎない。

（3）一月六日以降に南京に帰任した外交官によるもの

南京に戻ってきた大使館員たちの記録についても確認しよう。先に確認したように、彼らは南京戦前に南京を離れ、その後一月初旬に戻ってきた人々である。

まず、一九三八年一月六日に南京に戻った、アメリカ大使館員の記録を確認しよう。

「報告内容は大使館スタッフの調査、および南京陥落以来当地に残留しているアメリカ人の記述に基づくものであります」「われわれの着任以来、南京における暴行や人、物に対する暴力の最たるものは終わりを告げたと言われているにもかかわらず、事件は引続き発生している。日本兵の家宅侵入、建物の略奪、民間人の連行についての報告を、アメリカ住民は連日のように大使館に持ち込んできている」（一九三八年一月二十五日　南京アメリカ大使館通信エスピー報告『南京事件資料集1　アメリカ関係資料編』P二三八、P二四五）

アメリカ大使館員が、虐殺や暴行等の日本兵の犯罪を目撃したという記録はない。大使館員を除き、現地にいる「アメリカ住民」は、要するに宣教師たちである。結局、アメリカ大使館員による報告は、現地のアメリカ住民の報告であるので、つまりアメリカ人宣教師たちの報告をまとめただけであった。

次にドイツ大使館員の記録を見てみよう。彼らも、虐殺の目撃記録はない。彼らは、残留ドイツ人、アメリカ人の双方から情報を取っている。殺人に関してのドイツ人の証言は、『南京安全地帯の記録』やラーベ日記にも収録されている、クレーガー氏とハッツ氏（ハッツ氏は正確にはオーストリア人）が見かけたという、日本軍による中国人一名の処刑のみである。これは虐殺ではないことを彼らも認識している。結局、彼らドイツ大使館員の報告でも、虐殺等の事件を日本軍の仕業としたのは、アメリカ人宣教師たちの証言による。

「〔強姦・虐殺等〕こうしたさまざまな事件に〔日本軍〕将校たちが関与していたことがマギー牧師などによって立証された」（一九三八年一月十五日　ローゼン報告　『資料　ドイツ外交官の見た南京事件』P六七）

イギリス大使館員に関しても、虐殺の目撃談はない。また、そもそもイギリスは一般市民が残留していないので、自国民からの独自の情報はない。よってオリジナルな情報はあり得ない。

このように、南京に帰還した、アメリカ、ドイツ、イギリス各大使館員の南京事件報告を確認すると、やはり、発信源としてアメリカ人宣教師たちに行きつくのである。ちなみに、彼らは共通して国際委員会の報告を受け取っていた。

「イギリス、アメリカ、ドイツの各大使館が私の頼みを引き受けてくれた。頼みというのは、日本兵の犯罪に関する日々の報告を受け取り、日本大使館やそれぞれの国の政府に転送することだ」（一九三八年一月十一日　ラーベ）

この国際委員会の報告も、先に確認したように実質的にアメリカ宣教師団による報告である。

（4）その他（シールズ氏・シンドバーグ氏）

別途南京に出入りした、シールズ氏、シンドバーグ氏の発信についても確認しよう。

①シールズ氏（イギリス人・国際委員会メンバー・国際輸出社支配人）

日本軍の入城後一九三七年十二月二十三日まで、南京に残留したというシールズ氏に虐殺の目撃談はない。伝聞として見知らぬ中国人が虐殺されたとの噂を耳にしたことを語っている。また一方で、部下の中国人二百名は全く無事であったとも語っている。

②シンドバーグ氏（デンマーク人・南京郊外の車で一・五時間ほどのセメント工場勤務）

シンドバーグ氏においては、南京での事件についての言及はない。しかし一方で、シンドバーグ氏がいたセメント工場から近くの棲霞山寺の高僧が集約したという日本軍による犯罪記録を、シンドバーグ氏が翻訳したという文書が『南京安全地帯の記録』中に収録されている。その前書きを引用しよう。

「次の文は中国語からの翻訳であるので正確には原文通りではないかもしれない。この書簡は私の住居から約五マイル程離れた所にある棲霞山寺から受け取ったものである。それは、同寺院の高僧の一人により書かれ、地元の二十人の名望家が署名したものである。B・A・シンドバーグ　一九三八年二月三日」（南京安全地帯の記録　一九三八年二月三日）

この引用からわかる様に、これはあくまで中国人が書いたものを受け取り、単に翻訳したものとして、シンドバーグ氏は何の責任も負っていない、極めて証拠能力の低いものである。またこのシンドバーグ氏の記録は、正確には南京事件の記録ではない。しかし、この記録が不思議と『南京安全地帯の記録』に収録されている理由について、のちほど改めて検討したい。

まとめ

さて、ここまで、南京事件の期間、南京にいたと思われる欧米人を、滞在時期によりグループ分けし、そのグループごとに南京事件の発信源の特定を進めてきた。それは、ほぼ全てアメリカ宣教師団に集約されることを理解されたであろう。

それでは、アメリカ宣教師団が、なぜ、精力的に「南京事件」を発信したのかを探るために、南京に於ける彼らの行動や意図を確認しよう。

第二章　南京安全区・国際委員会の研究

1．国際委員会とは何か

（1）国際委員会設立声明

先に国際委員会がアメリカ人宣教師たちの主導によって設立されたことを簡単にご説明したが、より詳細に実態を確認しよう。まず、国際委員会の設立声明ともいえるものがあるので、ご紹介する。

「デンマーク人、ドイツ人、イギリス人、アメリカ人より構成される国際委員会は、南京およびその近郊において、不幸にも戦闘が行われた際の市民の避難場所として、安全区を設置することを日中両国の当局へ提起したい。

国際委員会は、設定される安全区に関して、以下のような特別な条件を認めさせることを保証する。すなわち、同区内に軍事施設および通信所を含む事務所を置くことはできない、また同目的に使用することもできない、市民警察がピストルを携帯する以外は誰も武器を持つことはできない、何らかの戦闘能力を有する兵士および将校が、同区を通行することは許されない」（一九三七年十一月二十二日　安全区国際委員会の声明　『南京事件資料集1　アメリカ関係資料編』Ｐ一二五）

この声明からわかるように、国際委員会の目的は、市民の避難場所としての安全区を設立・管理することであった。そして、国際委員会のメンバーは、「デンマーク人、ドイツ人、イギリス人、アメリカ人より構成される国際委員会」となっている。

ここで、先に確認した二十二人の残留者リストと比べてみよう。二十二人の残留メンバーは、ドイツ人、オーストリア人、ロシア人、アメリカ人である。よって、国際委員会メンバーで南京に市民とともに残留したのはドイツ人とアメリカ人のみであり、メンバーに名を連ねたデンマーク人、イギリス人は離脱している（イギリス人シールズ氏は委員会を離れ別行動）。戦闘中の市民保護を目的に設立した団体であるのに、まさに保護が必要となる戦闘開始前に、多くのメンバーが離脱したのである。大変不思議な組織ではないだろうか。なぜ、こういうことが起きたのか。当事者たちの証言を確認しよう。

「国際委員会が発足した。主要メンバーはアメリカ人の鼓楼病院の医師たちと南京大学の教授たち。全員宣教師だ」（一九三七年十一月十九日　ラーベ）「〔シールズ曰く〕委員会が発足した時には、取決めはほとんどできあがっていた」「国際色を添えるために彼〔イギリス人シールズ〕が招かれたのは明白であった」（一九三八年四月二十五日　コヴィル）

国際委員会の主体は、アメリカ人宣教師たちであり、そして発足時には、既に取決めが出来上がっていた。そして、形式上、国際的な組織に見せるために、アメリカ以外の西洋人が招かれたのであった。よって彼らがいようがいまいが実務的には支障なく、デンマーク人、イギリス人は、結果的に国際委員会に名前を貸しただけとなったのである。

（2）ラーベ委員長の立ち位置

さらに彼らアメリカ人宣教師たちは、ドイツ人のビジネスマン、ラーベ氏を、国際委員会の委員長にまつりあげた。

「国際委員会の会議。南京の非戦闘員のための中立区域設置の件。私は「代表」に選ばれてしまった。辞退したが押し切られた」（一九三七年十一月二十二日　ラーベ）

そしてアメリカ人宣教師たちに委員長に祀り上げられたドイツ人ラーベ氏は、宣教師たちにすっかりたぶらかされ、アメリカのために、宣教師たちのために先頭に立って働く、まるで操り人形となっていることをドイツ大使館のシャッフェンベルク事務長は指摘している。

「ラーベ氏は委員長として、並外れて大きな貢献をしているが、私の見解ではアメリカ人にひどくたぶらかされ、アメリカの利益、また信者をごっそり獲得しようと狙う宣教師のために、先頭に立って働いている」（一九三八年二月十日 シャッフェンベルク：南京ドイツ大使館事務長）

ドイツ人の委員長を戴き国際的組織の装いをしつつも、国際委員会は実質的に、アメリカ宣教師団そのものであったことを、改めて確認されたと思う。

（3）アメリカ宣教師団による支配の隠蔽

ところで〝国際団体〟とすることにこだわったアメリカ宣教師団は、国際委員会の実体はアメリカ宣教師団である、ということをどうしても隠したかったようである。東京裁判でのベイツ宣教師の供述に、興味深いものがある。

「この委員会（＝国際委員会）は、はじめはデンマーク人の委員長と、ドイツ人、イギリス人、アメリカ人で組織されました。しかし各国の政府は南京からほぼ全ての国民を撤収させたので、日本の攻撃が始まったとき、ドイツ人とアメリカ人のみが南京に残っていました。委員長は並外れたドイツ人商人のジョン・ラーベ氏でした」

ラーベ日記から分かるように、一九三七年十一月十九日に国際委員会は発足し、「主要メンバーはアメリカ人の鼓楼病院の医師たちと南京大学の教授たち。全員宣教師だ」としており、デンマーク人は主要メンバーとして登場しない。さらに三日後の十一月二十二日にはラーベ氏は委員長に選出されている。各国政府が南京から国民を撤収させたのは、十二月に入ってからであり、ベイツ氏のいう、はじめはデンマーク人の委員長であったが、デンマーク人が撤収することになったので、ラーベ氏が委員長になったというストーリーは明らかな虚偽である。そもそもデンマーク人は委員長になっていないであろう。またこのような脚色とは逆に、ベイツ氏は、国際委員会がアメリカ宣教師団の主導の下に設立されたという事実に、東京裁判でまったく言及していない。これは彼らアメリカ宣教師団の一貫した態度であるが、国際委員会はアメリカ宣教師団が取り仕切っていたということを、極力隠している。

また、不思議なことに、国際委員会委員長として残留したラーベ氏は、一九三七年十二月一日付のシーメンス社の南京からの帰還命令の電報を、安全区解散指令後、彼が南京を離れることが決まった後の一九三八年二月十三日にアメリカ大使館から受取っている。日記では、結果的に会社の帰還命令に背くことになったことをラーベ氏は気に病んでいる。

なぜ、このタイミングで南京からの帰還命令がアメリカ大使館から届けられたのであろうか？　実はアメリカ大使館も、安全区の責任をアメリカ人が前面に立って負いたくないとの意向を持っていた（『南京事件資料集1　アメリカ関係資料編』P一二三）。これを勘案すると、ラーベ氏へのシーメンス社からの帰還命令は、ラーベ氏を委員長として南京に残留させるために、アメリカ人宣教師たちがアメリカ大使館も巻き込み、意図的に止めていたのかもしれない。

（4）国際委員会メンバーリスト

さて最後に、ラーベ日記（一九三七年十一月三十日）に残る、国際委員会のメンバーを確認しよう。

【国際委員会メンバー】

ジョン・ラーベ（代表）〔1〕　ドイツ　シーメンス中国
ルイス・S・C・スマイス（書記）〔16〕　イギリス〔実際はアメリカ〕南京大学
P・H・マンロ＝フォール　イギリス　アジア石油会社
ジョン・マギー師〔21〕　アメリカ　アメリカ教会伝導団
P・R・シールズ　イギリス　国際輸出社

J・M・ハンソン		デンマーク	テキサス石油
G・シェルツェ・パンティン		ドイツ	興明貿易公司
イヴァ・マッケイ		イギリス	バタフィールド&スワイヤー
J・V・ピッカーリング		アメリカ	スタンダード石油
エドゥアルド・スパーリング	〔2〕	ドイツ	上海保険
M・S・ベイツ博士	〔14〕	アメリカ	南京大学
W・P・ミルズ師	〔18〕	アメリカ	長老派教会
J・リーン		イギリス	アジア石油会社
C・S・トリマー医師	〔9〕	アメリカ	南京大学
クリスチャン・クレーガー	〔3〕	ドイツ	カルロヴィッツ南京
ジョージ・フィッチ	〔20〕	アメリカ	YMCA

※〔　〕の番号は、前出の南京残留の二十二名のリストのものであり、著者の挿入である。

※※国際委員会より日本側に提出された国際委員会メンバーリストでは、末尾の二人、クレーガー氏とフィッチ氏が除かれ、代わりにリッグズ氏（アメリカ人）が追加されている。ラーベ日記（ドイツ語版）で国際委員会の役職リストを確認すると、クレーガー氏は財務責任者、フィッチ氏は安全区責任者とされており、国際委員会メンバーとして活動していることが明らかなので、ここでは、ラー

べ日記に収録されているメンバーを引用する。

二十二名の残留者との比較により、十六名のメンバーの内、七名ものメンバーが、安全区が稼働を始める前に国際委員会を離脱していることが確認できるであろう。

2. 安全区とは何か

さて、南京安全区の管理団体である国際委員会が、アメリカ宣教師団そのものであったことはご理解いただけたと思うので、次に、彼らが設立・管理した南京安全区について検討したい。南京戦に際してアメリカ宣教師団の主導で作られた南京の安全区は、同年勃発した第二次上海事変における、上海の安全区を真似たものである。そこでまず、上海の安全区について確認し、そのうえで、南京安全区の特色を確認しよう。

(1) 上海安全区

上海の安全区は、一九三七年八月十三日に第二次上海事変が勃発した際、フランス人のロベール・ジャキノ・ド・ベサンジュ神父（イエズス会）が中心となり、戦闘時の市民保護を目的に、隣接するフランス租界の軍事力を背景に当該エリアの中立・非軍事化を約束し、日中双方の了承の下、設置されたものである。別名ジャキノゾーンとも呼ばれている。

一般に、非戦闘・中立地域は交戦国双方の協議による合意の下に、設立されるものである。しかし、上海では、フランス人のカトリックイエズス会のジャキノ神父が主体となって、日本・中国の双方と協議の上で第三者が非戦闘・中立地域を確立したという独自のものであった。また、市民保護を目的にした非戦闘・中立地域という概念は第一次大戦後、欧州を中心に模索されてきたが、それを具現化したのは、このジャキノ神父の「安全区」が初めてである。その点でも、この上海安全区は、ジャキノ神父の発明ともいえるものであった。安全区との仕切りにはバリゲードが設けられ、入り口はフランス軍が管理した。戦闘勃発時には二十五万人以上の市民がそこで難を逃れたといわれる。

また、上海安全区が成立した背景の、上海のフランス租界や、中国でのカトリックの状況についても簡単にご紹介する。

当時上海の租界は、イギリス・アメリカ等が管理する共同租界と、フランスが管理するフランス租界に分かれていた。フランス租界は、太平天国の乱の際、一時期、共同租界と合併することも検討はされたが、イギリスの主導下に入ることを嫌い、そのまま独自性を維持した。面積も共同租界の二分の一程度あり、そもそも独力で租界を維持することが出来る力をもっていた。また一国で管理していたので、行政権はフランスの管理下の独自のものであり、専制的な要素が強かった。

また、カトリックは、中国国内で当時三百万人の信徒を抱える一大組織であり、中でもフランスのカトリックは、十九世紀には中国国内の通行許可証を、他の国の宣教師にも提供するといった特別な地位を築いていた。

このような背景の中、フランス人のジャキノ神父は、隣接するフランス租界の軍事力を頼みつつ、また、中国国内に三百万人の信徒を抱えるカトリックのフランス人神父という立場を活かしながら、その上で、ジャキノ神父自身の個人的な人脈・信用により、上海安全区の創設を主導することが出来たのである。日本も中国も、このジャキノゾーンを正式に承認し、一九三七年十一月九日発効した。なお、ジャキノ神父の市民保護目的に共感した、上海派遣軍司令官の松井石根《いわね》大将は個人として一万円（現在価値で二千万円ほど）を寄付したことも記録に残っている。

（2）南京安全区

一方、南京の安全区は、上海の安全区を参考に、アメリカのプロテスタント宣教師たちが中心となって設立したものであった。中国国内にフランスを中心とするカトリックは信徒数約三百万人、イギリス・アメリカを中心とするプロテスタントは約五十万人、と大きな差があり、プロテスタントは十九世紀末時点の信徒数約五万人から、大幅に勢力を拡大していたが、カトリックと比べると依然として少数であった。

また、南京の安全区は、上海と同様に戦闘時の市民保護を目的に掲げたが、その場所が元々中国軍の砲台のあるエリアであり、そのエリアと他地域との区分けは、バリゲード等もなく、境界のビルに白い旗を掲げてしるしとしただけであった。さらに、上海と異なり近隣に中立の第三者の軍事力もないので、日本側は中立・非軍事化が難しいであろうと判断し、承認していない。その上で軍隊・軍事施設が無ければ攻撃を避けるよう努めるとした。

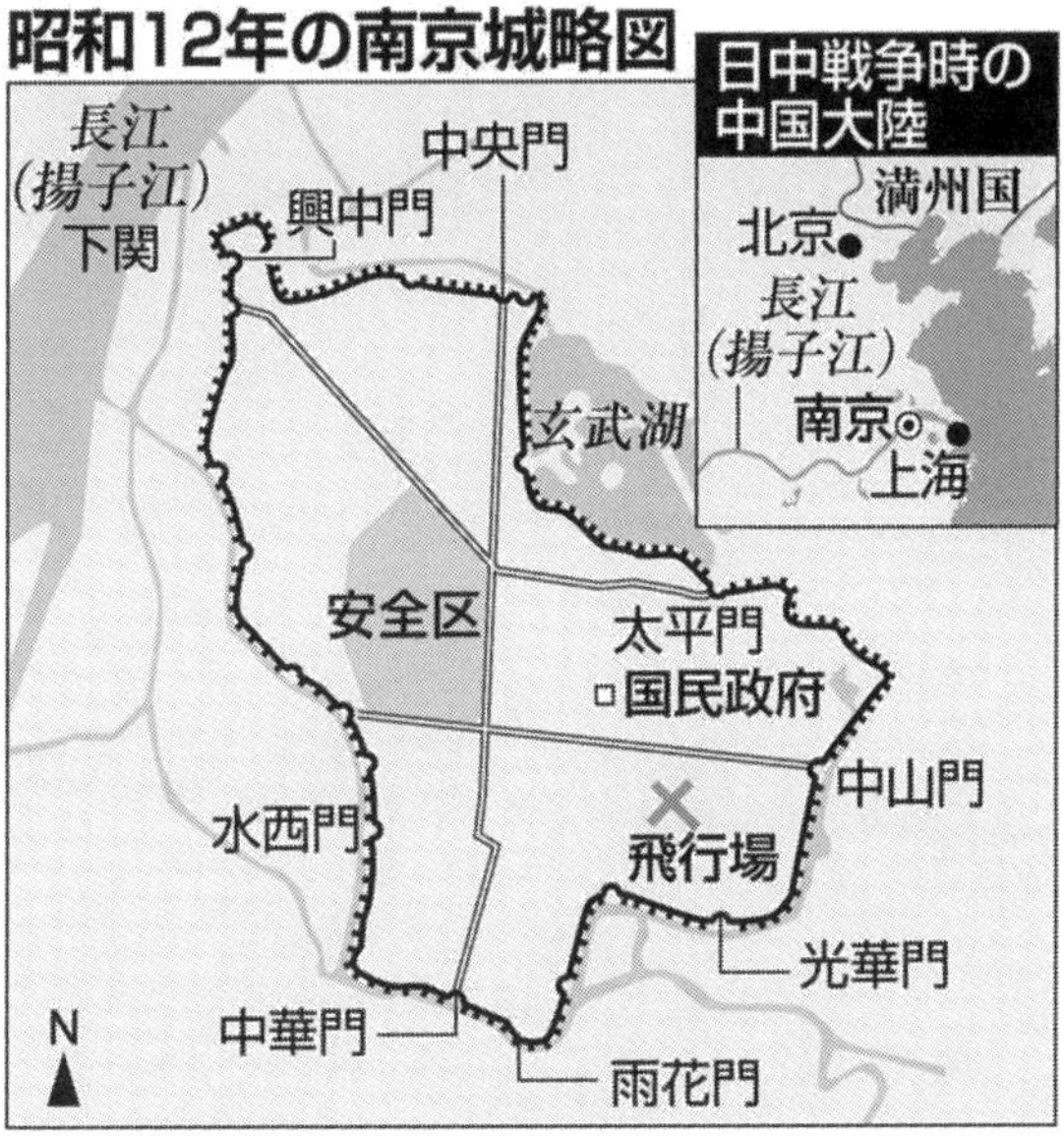

「産経新聞」（平成 27 年 4 月 18 日付）より
（無断転載不可）

　国際法上、中立地域・非戦闘地域は当事者双方の合意が無ければ成立しない。つまり南京安全区は、上海安全区と異なり、中立・非戦闘地域として不成立であり、何の保証も権限もないものであった。

　ところで、蒋介石は、上海の安全区も南京の安全区も承認しているが、不思議と、南京の安全区のみに、食糧・資金を寄贈した。この理由は後に明らかにしたいと思う。

（3）不承認であった南京安全区

さて、南京の安全区は、上海と異なり日本側から認められず、非公式なものであったことは、上海安全区を研究されたマーシャ・リスタイーノ（Marcia Ristaino）氏の著書『ジャキノ安全区：上海の戦争難民（Jacquinot Safe Zone: Wartime Refugees In Shanghai）』P八一にも「南京安全区不承認（unapproved）」と明らかなのであるが、日本国内で不思議と知られていない。よって、本書では、承認に際してのやり取りを原文と共にここでご紹介する。

南京の国際委員会は、まず中国側から安全区設立の内諾を取り付けた後、上海の安全区を確立したジャキノ神父を通して、日本側に南京安全区の承認を求めた。それへのジャキノ神父を通しての返答が以下である。

「日本当局は安全区設置の要望を確かに認識しましたが、残念ながら、認めることができません。中国軍による市民や財産に対する非違行為について責任を負うことは出来ず、しかし、軍事上の要件（＝非軍事・中立性）が満たされている限りにおいて、そのエリアを尊重するよう日本軍は努力します」（一九三七年十二月二日　ジャキノ神父からの国際委員会への返答　*Yale）

"Japanese authorities have duly noted request for safety zone but regret cannot grant it. In the event of Chinese forces misbehavior towards civilians and/or property cannot assume responsibility but they themselves will endeavor to respect the district as far as consistent with military necessity."

　この、安全区が承認されず非公式なものであったという事実は、国際委員会の立場、つまりアメリカ宣教師団の立場、そして彼らの行動を考える上で非常に重要となるので、ここで原文と共に銘記しておく。

　ところで、この南京安全区が不承認であったという事は、これは〝Safety Zone（＝安全区）〟ではなかったということを意味する。つまり、南京の安全区は虚構の存在であった。南京安全区が虚構ならば、南京安全区国際委員会も当然虚構の存在である。極言すれば、本人たちが名乗っているだけともいえる。よって彼らが解散・改称する際にも、当局の許可も調整も必要なく、勝手に呼称の変更を宣言しただけであった。

　また実際、南京の「安全区」という呼び名は、当時、宣教師周辺のごく一部の人々が利用していただけであり、日本側の呼び名は、「難民区」であり、中国人も同様に「難民区」と呼んでいた。そしてミルズ宣教師は以下のように記している。

「中国語で、私たちはこのゾーンを〝Nan Min Chu〟と呼んだ」（一九三八年一月二十二日

ミルズから妻への手紙*Yale)

言うまでもなく、〝Nan Min Chu〟は漢字で書けば「難民区」であろう。彼らも現地で安全区でなく難民区と呼んでいたことを記している。ちなみに、先にご紹介した『Documents of the Nanking Safety Zone（南京安全地帯の記録）』の中国語訳は『南京安全區攩案』であり、〝Safety Zone〟の中国語訳は日本語同様「安全区（區）」であることは明らかである。

つまり、アメリカ人宣教師たちを中心とした国際委員会メンバーが「安全区」を主張したのは、文書上・対外宣伝上の事だけであって、現地では、呼び名も実態も、単に難民が集まっているというだけの「難民区」であった。

この「安全区」の実態をご理解いただいたうえで、本書では説明の便のため、以後も「安全区」の名称を利用させて頂くことをご了承いただきたい。

3．南京安全区・国際委員会設立の真の目的

（1）シールズ氏と日本側共通の見方

さてここまで、アメリカ宣教師団が中心となり、戦闘中の市民保護を目的として掲げ、安全区・国際委員会を設立したことを確認した。しかしながら、先に紹介した、国際委員会メ

ンバーのシールズ氏は以下のように、設立目的の市民保護を、実際は名目上のこととしている。

「〔シールズ曰く、〕南京の安全区設定は間違いだった。①市民保護とは名目上のことで、②本当のところはアメリカ人、ドイツ人、富裕な中国人の財産保護のためである。安全区設定以前から③中国軍は区内に大きな対空砲を設置していたし、その後も、引き続き使用していた」（一九三八年四月二十五日　コヴィル）

興味深いことに、日本側も似たような見方をしている。

「①表面慈善事業たるを標榜し、世人の猜疑を避けつつも、その②裏面にあっては自己の利益に汲々たる一方、難民を手なづけ、自治委員会の円滑なる発展を妨害するが如き幾多の行動ありたり。③しかもかかる態度は不逞分子の利用する所となる傾向ありたれば……」（一九三八年一月二十一日　特務機関報告）

両者共通の見方をまとめると、

①市民保護は名目上のことで、

②実際は財産・利益目的であり、
③同時に結果的に中国軍（不逞分子含む）に便宜を図っている、

となる。そこで安全区・国際委員会設立の当事者である、アメリカ宣教師団内部の会議の記録から、彼らの安全区・国際委員会設立の真の意図を確認しよう。

（2）ミルズ宣教師の告白

以下は、安全区設立のための国際委員会の初回会合（一九三七年十二月十九日）の前日に、その計画を報告した宣教師内部の会合の記録である。非常に重要な記録なので、原文も付記させて頂く。

「機密事項：私たちの会合で、ミルズ氏は強い願望を表明した。すべての教育を受けた人々を欧米に行かせる代わりに、宣教師の一団が降りて中国軍を手助けし安心を与えるよう試み、混乱と略奪の中、小集団であってもそれが中国にとっていかなる意味をもつかを彼らに知らしめた方がずっと良いと」（一九三七年十一月十八日　ヴォートリン）

"Confidential. At our meeting Mr. Mills expressed the longing that instead of having all educated people trek westward that it would be far better for a group to go down and try to encourage and comfort the Chinese army and help them to see what disorder and looting among even a small group means to China."（Vautrin, Nov 18, 1937）

これは、一言でいえば、布教のために「中国軍を支援保護したい」という発言であるが、まず、この発言者のミルズ氏について、少々詳しくご紹介させていただく。

ウィルソン・プラマー・ミルズ（Wilson Plumer Mills）氏は一八八三年サウスカロライナ州に生まれた。一九一二年にコロンビア神学校で神学士号を取得後、一九三一年までＹＭＣＡの下で中国で活動し、一九三三年からアメリカ最有力教会勢力の一つ、長老派教会の宣教師として南京に赴任している。一九三七年の南京戦時には五十四歳であり、当時四十歳ベイツ氏、三十六歳のスマイス氏よりだいぶ上である。

「ミルズ氏こそが最初に安全区創設の構想を抱いた人であったことを、お伝えしなければなりません」（一九三八年二月二十一日　南京安全区スタッフ主催の送別会におけるラーベ氏演説 *Yale）

そして、このラーベ氏の発言からわかるように、南京の安全区・国際委員会の設立を発案したのはこのミルズ氏である。

「ミルズ氏を副代表ないし、実質的な代表にという私の提案は受け入れられた」（一九三八

年二月十八日　ラーベ）

さらに、委員長を務めたラーベ氏が南京を離れた後は、ミルズ氏は国際委員会の後継組織の実質的な代表を務めている。またベイツ氏が、ティンパーリ氏と『戦争とはなにか』の出版原稿について検討を進めた際には、ミルズ氏の記録は採録していないにもかかわらず、ベイツ氏はわざわざミルズ氏に内容の確認をとっている。これらから、ミルズ氏が南京安全区国際委員会、また南京のアメリカ宣教師団における中心人物であることが明らかである。また、ヴォートリン氏やラーベ氏の日記にもしばしば登場し、南京で活発に活動していたことも伺われる。

しかしベイツ氏やスマイス氏と比べ、表に出ているミルズ氏の資料はごく少ない。極力名前が表に出ないように振舞っていたようである。一例として、ベイツ氏と共同で宣教の報告書を書きつつも、最終版では、ベイツ氏のみの署名となっているものがあること（『南京事件資料集1 アメリカ関係資料編』P一八五）からも、その様子がうかがえる。南京のアメリカ宣教師団内部の実際の役割分担は、ベイツ氏が安全区内の難民キャンプの責任者兼広報担当、スマイス氏が事務統括、ミルズ氏は隠れた全体統括といったものであったろう。

さて、そのミルズ氏の発言を改めて確認しよう。先に引用した発言はいくつか重要なことを示している。

まず、発言がなされた日付にご注目頂きたい。この発言は、一九三七年十一月十八日のものである。日本軍の南京城総攻撃は一九三七年十二月十日、南京城入城は十二月十三日である。つまり日本軍の南京での行動とは全く関係なく、南京戦が始まるはるか前にこのような決意（「中国軍を手助けし安心を与えるよう試み、混乱と略奪の中、小集団であってもそれが中国にとっていかなる意味をもつかを彼らに知らしめた方がずっと良いと」）が示されていたのである。

二つ目は、先にミルズ氏の立ち位置を確認したように、これは南京のアメリカ宣教師団のリーダー的立場のミルズ氏による宣教師内部の会合での発言であるので、南京のアメリカ宣教師団として明確な中国軍支援保護の意志があったことである。

そして三つ目は、安全区設置のための国際委員会設立の前日、その設立を報告した会合においての、安全区発案者による発言であるので、つまりこれは、市民保護を名目に設立する中立・非軍事の安全区において中国軍の支援保護を行いたい、という大胆な意思表明ということである。

中立と、どちらか一方への支援は両立できないことは明らかである。そもそも先に確認したように、安全区の存在が許される条件は、中立性・非軍事性であった。それを無視して、中国軍の支援を明言することは、詐欺行為である。身近に例えればスポーツの審判がどちらかの支援を明言するようなものであろう。

また、現実の問題として、市民が集う安全区内において中国軍を支援することは、市民を軍事的な脅威にさらすことになる。つまり、このミルズ氏の発言が示すことは、アメリカ宣教師団が安全区・国際委員会を設立した真の目的は、市民の保護ではなく、中国軍の支援保護にあったということである。

第三章　南京で起こったこと

1．安全区における中国軍支援実態

さて、確認したように、彼らアメリカ宣教師団は安全区・国際委員会を通じて、中国軍を支援保護することを内部では決定していたのであるが、その支援保護の実態を記録に基づいて確認しよう。

（1）中国軍支援のための区域設定

「〔シールズ氏が安全区に関し〕提案される区域は、中国人の貧民区を含むよう線引きされるべきではないか、と尋ねたところ、場所の問題はすでに調査決定済みであるとだけいわれたという（シールズとスカラブ号の士官の一致した意見では、上海では、安全区の場所決めは、多数の中国市民の真の利益を考慮して決定された《南市》）」「〔シールズ曰く〕安全区設定以前から中国軍は区内に大きな対空砲を設置していたし、その後も、引き続き使用していた」（一九三八年四月

二十五日　コヴィル）

「安全区内の南西側の境に高射砲台がずらっと並んでいるのに気が付いた」（一九三七年十二月九日　ラーベ）

「安全区は『安全』からは程遠い。いまだに武装した兵士たちが居すわっており、彼らをここから追い出そうとする我々の努力は全くの無駄だった」（一九三七年十二月十一日　ラーベ）

「安全区の全域で、黄色い腕章をつけ、ライフル、ピストル、手榴弾で完全装備した中国軍がまだいる」（一九三七年十二月十二日　ラーベ）

このように、そもそも中国軍の砲台があるところを安全区に指定したため、そのまま安全区内に砲台が残り、さらに武装した中国軍兵士もいたことがわかる。そして、シールズ氏・ラーベ氏ら宣教師でない国際委員会メンバーが、中国側の約束不履行を咎めるのとは対照的に、以下のように、安全区を当該エリアに設定したアメリカ人宣教師たちは、あきらかな虚偽の発信をしている。

「〔唐〕将軍は首都防衛の任を帯び、安全区から軍隊と高射砲を一掃するという非常に困難な仕事に概して非常によく協力してくれました」（一九三七年十二月二十四日　フィッチ『戦争とはなにか』所収『日中戦争史資料9　南京事件Ⅱ』P二一七―二一八）

（２）中国兵の安全区への侵入・潜伏を許す

また、安全区内にさらに中国兵が侵入・潜伏したことは国際委員会の記録からも明らかである。

「十三日に兵士数百名が北側境界を通って安全地帯に近づいたり或いは入って来て」「その夜の混乱と慌ただしさの中で、国際委員会は武装解除された兵士達※を一般市民から分離しておくことができませんでした。とりわけ兵士達の中には軍服を脱ぎ捨てた者がいたからです」（一九三七年十二月十五日　南京安全地帯の記録）

※武装解除がまったく不十分であったことは、次項で示す。

彼らは、中国兵の安全区への侵入・潜伏を許したことは、不可抗力であったように言うが、安全区への中国兵の侵入・潜伏は予想外の出来事ではない。日本軍は安全区を承認しない理由の一つとして国際委員会に既に通知している。

「将来、付近で戦闘が始まった際に、区内に避難したり、同区を軍事目的に利用するような中国部隊の侵入を効果的に阻止するために、安全計画地域を維持する側に十分強力な人員その他（中国人ではなく、列強諸国の人間で構成された）が備わっていなければ、無理であると思

われる」（一九三七年十二月五日　南京難民区設定について日本当局の回答『南京事件資料集1　アメリカ関係資料編』Ｐ一二九）

よって、むしろ〝予定通り〟というべきであろう。

また上海安全区と南京安全区の違いでも指摘したが、南京安全区は境界となるビルの上に白い旗を掲げただけであり、兵士の侵入を防ぐバリケードの類も皆無であった。そもそも中国軍の支援保護が目的なのであるから、ご自由にお入りくださいといったところであろう。

(3) 安全区内に中国兵を匿う

戦闘後、宣教師たちは、安全区に潜伏した敗残兵には、〝戦争捕虜（Prisoner Of War）〟の権利があるという、奇妙な主張を繰り広げたが、日本軍は、何も法的根拠のないこととして、その主張を一蹴し、入城後、早速十二月十四日から三日間、大々的に敗残兵の捜索を実施した。そして、その後も安全区で捜索を続けたが、今度は、宣教師たちは中国兵は既に完全にいなくなったと主張しだした。

「今はこの地帯に武装解除された中国兵のグループは全くないと確実に保証することができます」（一九三七年十二月十八日　南京安全地帯の記録）

しかし実際は、アメリカ宣教師団管理下の難民キャンプに兵士が潜伏しており、しかも武器も隠し持っていた。当時の記事を引用する。

「南京の金陵女子文理学院に、難民救済委員会の外国人メンバーとして残留しているアメリカ人教授たちは、彼らが逃亡中の大佐一名とその部下の将校六名を匿っていたことを発見し、ひどく気まずい思いをした。その将校たちは、中国軍が南京から退却する際に軍服を脱ぎ捨て、大学の建物の一つに住んでいるところを発見された。彼らが大学の建物の中に、ライフル六丁、拳銃五丁、砲台からはずした機関銃一丁、そして弾薬を隠していたことを日本軍の捜索隊が発見した後、彼らは中国兵であることを自白した」（一九三八年一月四日　ニューヨークタイムズ）

この事件は当時広く知られた影響の大きな事件であったのであろう、この事件に関し『南京安全地帯の記録』でも記載がある。こちらでは、難民キャンプの責任者ベイツ氏が、武器や兵士の発見を認めつつも意図的な保護を否定する様子を、委員会内部での覚書としてわざわざ収録している。

「……もし王〔大佐〕が元兵士なら我々は介入できない。軍隊の問題である。彼はよそ者

としてここへ来た」（一九三七年十二月三十一日　南京安全地帯の記録）

このように当初の宣教師たちの主張と異なり、安全区内に武装敗残兵が潜伏しつづけたことは宣教師たちも認めざるを得ない事実であった。

またこの事件後、安全区内の難民キャンプの再捜索が行われたのであろう、日本の特務機関報告には、「本年に入り列国庇護の下に潜伏しおりたる敗残兵、不逞分子を、矢継早に検出逮捕せり」（一九三八年一月二十一日　特務機関報告）との記述がある。

（4）まとめ

これらからわかるように、アメリカ宣教師団は、そもそも非武装化が難しい中国軍の砲台エリアに安全区を設定して戦闘中も安全区内に砲台や兵士の存在を許した。そして戦闘後は安全区への兵士の大規模な流入を許し、そして、安全区内への敗残兵の潜伏を助けたのである。まさに、ミルズ氏の宣言通りに、中国軍の支援保護を実行したことをご理解いただけたであろう。

2．アメリカ宣教師団が南京事件を発信した理由

（1）南京安全区の存在意義

　さて、ここまで、アメリカ宣教師団が安全区・国際委員会を、難民保護を名目に設立しながらも、真の目的は中国軍の支援保護であり、実際にその真の目的に沿って行動していたことを論じた。

　ここで「安全区」の定義について再度確認しよう。安全区はそもそも、戦闘中の中立地帯として設立されたものである。南京での戦闘中は、公式な承認は無かったにせよ存在理由を主張できた。しかし、戦闘終了後は、安全区が存在する名目がそもそもないことは明らかであった。そこで日本軍から法的地位がないことを指摘されると、まず彼らは、

「日本当局に対して我々は何ら政治的地位を要求してはいない」「我々は旧南京市政府から委ねられた半ば行政的な業務を続けて行うことに何の関心もない。日本側ができるだけ速やかにこれらの業務を引き受けいただくよう心より希望する。そうすれば、我々はたんなる救済組織となるであろう」（一九三七年十二月十七日　南京安全地帯の記録）

と、代替行政組織ができればいつでも安全区の管理を移譲する意思を表明した。しかし、実際には彼ら宣教師たちは、自治委員会が設立された一九三八年一月一日以後も、自治委員会に管理を委譲することを拒み、断固として安全区を保持し続けた。要するに、代替行政組織

がないことはその場しのぎの言い訳であった。

ちなみに、行政権を握り続ける必要があるのはアメリカ人宣教師だけであって、難民保護を目的とするラーベ氏をはじめ他の委員会メンバーには理由がない。自治委員会が一九三八年一月一日に発足した後は、先の国際委員会自身の挙げた理由によっても国際委員会の存在は不要である。ラーベ氏は、なぜアメリカ人宣教師たちが安全区国際委員会・安全区の維持にこだわるのか理解しかねている。

「『安全区委員会を南京国際救済委員会に変更する』という私の提案は委員会で否決された。……私が多数派の意見に従ったのはもちろんだ。我々は団結していなくてはならないのだから」（一九三八年一月十三日　ラーベ）

「安全区委員会を解散して、新たに救援委員会を組織し、新しい自治委員会と協力するようにしたほうがいいかもしれない。真剣に検討しているところだ。日本軍と協力しようと私は言い続けているが、アメリカ人は反対だ」（一九三八年一月二十九日　ラーベ）

（2）安全区の存在を正当化する「南京事件」

安全区を維持するためには、代替行政組織の有無とは関係のない、別の理由が必要であった。アメリカ人宣教師たちが管理下の安全区を保持し続ける言い分がアメリカ駐中国大使ジョンソン氏を通じての発言に纏まっているので引用する。

「安全区に関する南京の状況は、外国人が望んでやったことではない。たしかに委員会の仕事は、日本軍が入城し、戦闘が停止した日をもって終わるべきものであった。しかしながら、入城した日本軍の南京市民に対する恐怖支配があまりにも激しかったために、外国人による安全区の治安維持と食糧提供を止めるわけにはいかなくなったのも確かである」（一九三八年二月七日　天谷南京警備司令官の言明に対する態度『南京事件資料集1　アメリカ関係資料編』P三一五―三一六）

要するに、日本軍の南京恐怖支配から市民を保護するために、安全区、安全区国際委員会が必要であったというのが、彼らの言い分である。

また、ジョンソン大使は、そのように考える根拠も示している。

「ジョージ・フィッチやベイツ氏に代表される委員会のアメリカ人メンバーが、日本軍の南京恐怖支配の期間における彼らの体験を、詳細に記録して南京から送ってきた。これらの記録は事実に基づいて書かれたものであるから、日本軍には彼らを恐喝する資格はない。なぜならば、彼らがそうせざるをえない状況を日本軍がつくりだしたからである」（同）

さて、このジョンソン大使が根拠とした委員会のアメリカ人メンバー（＝アメリカ人宣教師たち）の記録は本当に事実に基づいていたであろうか？　戦闘中は安全区内に中国軍砲台が存在していたことをなかったことにし、戦闘後は武装敗残兵が潜伏していたことを隠したことに象徴されるように、彼ら宣教師の記録には、明らかな虚偽がある。

また、アメリカ人宣教師たちが中心となって国際委員会の名の下に取り纏めた事件記録について、

「これら事件は国際委員会の外国人のメンバーやスタッフにより検証済みである」（一九三七年十二月十六日　南京安全地帯の記録）

と彼らは宣言しているが、実際は検証を経ていない、単なる聞き書きに過ぎないことをドイツ大使館事務長のシャッフェンベルク氏は証言している。

「これらすべての暴行事件は、単に、一方の話を聞いただけだ」（一九三八年二月十日　シャッフェンベルク）

つまり、ジョンソン大使が根拠とした宣教師たちの記録は、虚偽と未確認情報に溢れてい

る。要するに全く信憑性に欠けるものであった。

　また、宣教師たちの言い分の正当性を、安全区消滅後の状況からも確認してみよう。日本軍は、安全区の存在が犯罪多発の原因とみて、宣教師たちの猛反対を押し切り、一九三八年二月四日に半強制的に、安全区の市民に帰宅を命じ、実質的に安全区の解散を命じた。宣教師たちの言い分が正しければ、安全区がなくなると、日本軍の暴虐行為を止めるものがなくなり、南京は一層の地獄になるはずであった。

「二月四日以降は難民が大挙して収容所をひきはらい、どうにかもぐりこむ先を見つけた」「たしかに当地の状態は悲惨だが、難民が安全区から出てしまえばよくなっていく見込みはある」（一九三八年二月十日　シャッフェンベルク）
「駐屯司令官の天谷少将は厳格に統治し、我々はもはや虐殺の話を聞かなくなり、概ね秩序も回復した」（一九三八年三月四日　シャッフェンベルク）

　安全区がなくなったあと、治安が回復したことを、ドイツ大使館のシャッフェンベルク事務長は記している。結果は宣教師たちの主張と全く逆であることが明らかであろう。

　一方、先に確認したように、宣教師たちの安全区・国際委員会設立の真の目的は、中国軍の支援保護であった。中国軍の支援保護を継続するために、アメリカ宣教師団は日本軍入城後も安全区・国際委員会を維持する名目をそもそも必要としていたのである。

これら事実を考え合わせると真相は逆である。「日本軍の南京市民に対する恐怖支配があまりにも激しかったために、外国人による安全区の治安維持と食糧供給を止めるわけにはいかなくなった」のではなく、中国兵を支援保護するためには、管理下にある安全区・国際委員会を維持することが必要であり、宣教師たちが安全区・国際委員会を存続させる名目を得るために、「日本軍の南京市民に対する恐怖支配」を創り出したのである。これがアメリカ人宣教師たちが「南京事件」を発信した一番の理由である。

(3) 中国兵の犯罪を覆い隠す「南京事件」

日本軍による恐怖統治を創り出し宣伝することは、もちろん中国軍への側面支援になるが、さらに、中国兵の犯罪を覆い隠す効果もあった。先に引用した、安全区内で逃亡中の大佐たちが武器と共に発見されたという、ニューヨークタイムズの記事の続きを引用しよう。

「この逃亡兵たちは、南京で掠奪したことや、またある晩は難民キャンプから少女たちを暗闇に引きずり込み、その翌日にはその犯罪を日本兵のせいにして非難していたことをも自白した」(一九三八年一月四日　ニューヨークタイムズ)

これは金陵女子文理学院にて起こった事件にもかかわらず、金陵女子文理学院で女性たちを保護していたはずのヴォートリン氏はこの事件を全く日記に残していない。代わりにヴォートリン氏の日記には日本兵の犯罪が日々記録されている。

また別に、宣教師マッカラム氏は、中国市民から中国兵による犯罪の訴えがあったことを認めつつも、日本軍に言わされているとして、完全に否定している。

「いまや日本軍は安全区における私たちの尽力を無に帰そうとしている。哀れな中国人たちを脅迫して、私たちが言ってきたことを否認するように仕向けている。中国人のなかには、略奪や強姦、放火は日本軍の仕業でなく、中国軍がやったのだといつでも証明するという者さえいる。私たちは狂人や馬鹿を相手に今まで苦労してきたのだろうか……」（一九三八年一月九日　マッカラム *Yale）

もし彼ら宣教師たちの保護対象が中国市民であるとすると、中国軍の犯罪を訴える市民を、「狂人や馬鹿（原文：maniacs and idiots）」と罵るこの発言は理解し難い。市民にとっては、犯罪者が誰であろうと、それが罰され、治安が回復されればよいのであり、犯人と思われる者を訴えるのは自由であろう。このマッカラム氏の発言は、彼らアメリカ宣教師団の真の目的が、市民保護ではなく中国軍の支援保護であることを知って、初めて理解できる。

このように、アメリカ人宣教師たちの記録には、中国兵の犯罪を咎めるものがほとんどない。その代わりに日本軍の犯罪を宣伝したのである。

（4）潜伏敗残兵とアメリカ宣教師団の安全区維持への共同作業

さて、安全区の解散後、治安が回復したことは、既に示した。宣教師たちの主張と異なり、安全区内に中国兵が潜伏し、中国兵による犯罪があったとすると、結果的に、南京安全区をめぐって、以下の循環が成立していたことになる。

①安全区内に中国兵が潜伏し、犯罪を犯す。
②その犯罪をアメリカ宣教師団が日本軍による犯罪であるとして非難する。
③同時に日本軍の犯罪を防ぐため、宣教師管理下にある安全区の必要性を主張する。
結果、安全区が維持され、引き続き①安全区内に中国兵が潜伏し……。

この悪循環を日本軍は、一九三八年二月、半強制的に安全区から市民を帰宅させ、安全区を実質的に解散させることで、ようやく断ち切ったのである。安全区を解散したことで、中国兵が潜伏できなくなり、結果中国兵による犯罪もなくなり、またアメリカ人宣教師たちも、支援保護対象の中国兵がいなくなり、日本軍の暴虐の宣伝も必要なくなり、「南京事件」が終了するのである。

　これが安全区・国際委員会の解散時期が、南京事件の終了時期と重なることの、唯一の合理的な説明であろう。

　この傍証として、安全区内にあるラーベの家にいた、唐生智（中国南京防衛軍司令官）配下の二人の将校の行動が挙げられる。

「夜の八時少し前、龍と周（＝唐生智の伝令役の将校たち）があらわれ、私の家に避難させてもらえないかといってきた。私は承知した」「龍は、彼と周は負傷者の面倒をみるために残されたといい、私に助力を求めた」（一九三七年十二月十二日　ラーベ）
「昨晩、龍と周が我が家を去った。本日、〔南京を〕出るという。どうやってかは知らない。こちらも聞かなかった。我々の友情は決裂した」（一九三八年二月十五日　ラーベ）

　彼らは、中国負傷兵の面倒を見るという口実でラーベ家に残ったが、その記録はどこにもない。そして安全区解散後の一九三八年二月十五日、理由も告げず突然ラーベ家を離れている。この時期に全ての負傷兵が完治したわけではあるまい。安全区内での潜伏・工作が難しくなったのであろう。

（5）日本側記録による検証

日本の特務機関もこの間の様子を記している。

「国際委員会は〔一九三七年〕十一月下旬、我が当局の明確なる否誌《ママ》〔＝認〕にもかかわらず、南京難民区を設立して、残留難民を全部該当区域に収容し、皇軍入城後といえども施療施米その他難民に対する各般の救恤を続行する一方、難民区に於ける皇軍の行動を監視して、活発且つ害意ある対外宣撫を試みたり。……国際委員会の右の如き行動を荏苒持続せしむるの百害あって一利なきは、白明の理なるを以て、……爾来今日まで機会ある毎にその蠢動を抑制したる結果、国際委員会の活動は現在最早実質的には殆ど停止の状態にあり」（一九三八年二月末　特務機関報告 二月中状況）

簡単に要約すると、日本側が認めていないにも関わらず難民区〔＝安全区〕を設立した国際委員会が、入城後日本軍に関して害意ある宣伝をするので、活動を抑制した結果、二月末には、国際委員会の活動は殆ど停止しており、

「国際委員会の蠢動に対する抑制とともに、所謂難民区を解散せしむべき方針を確立し、……二月末日現在に於ける復帰者数は、（第一区～第五区）計一七二、五〇二にして、各区とも

主要街路に小売店櫛比し、殷盛を極めつつあり」（同）

国際委員会の活動を抑えつつ、難民区（＝安全区）の解散、つまり市民の帰還を進めることを決定し、……二月末の現在、復帰者は十七万人を超え、各地域の主要な通りには小売店が隙間なく立ち並び、賑やかである。

「難民区に於ける生活環境の不自然なるに来たして跳梁したる不正支那人を検挙懲戒し（約五百件）、一般治安の確立に努めたる結果、治安状態は概して佳良なり」（同）

また、難民区（＝安全区）の中国人犯罪者を検挙懲戒（約五百件）した結果、現在（一九三八年二月末時点）の治安は概ね良好である、とのことである。

先にご紹介したシャッフェンベククルク氏の証言と齟齬がないことが確認できるであろう。

3．中国側のアメリカ宣教師団への協力と隠蔽

さてここまで、アメリカ宣教師団が南京事件の発信源であり、そもそも彼らは中国軍の支援保護のために南京に残留したこと、そしてアメリカ宣教師団による中国軍支援保護の実態、

また彼らが南京事件を創出した理由については論証した。次は、現地での中国側の協力についても分析しよう。

（1）ミルズ氏の中国軍支援保護計画は中国側に伝えられていた

中国軍とアメリカ宣教師団との協力関係を考える際に、アメリカ宣教師団の中国軍支援保護の意向を、中国側は把握していたのかということは非常に重要な問題である。アメリカ宣教師団の中国軍支援保護意向を知らなくては、中国側としても活用できない。

先に、南京戦の始まるはるか前、一九三七年十一月十八日のヴォートリン氏の日記に、ミルズ氏の「中国軍を支援保護したい」という旨の発言が記載されていることは紹介した。実は、同日のヴォートリン氏の日記には、続きがある。そこでは、「長年、軍官道徳励進会（Officers' Moral Endeavor Association）〔＝励志社〕の責任者で、今や戦地服務団の責任者に任命された」「黄仁霖（J. L. H w《ママ》ang〔=Huang〕）大佐」を呼び出し、このミルズ氏のプランが彼に伝えられたことも記されているのである。

「励志社」、「戦地服務団」、「黄仁霖」という単語は全く聞きなれないと思われるので、この分野での貴重な専門書、段瑞聡氏の『蔣介石と新生活運動』（慶應義塾大学出版会）や、黄仁霖氏の自伝『黄仁霖回憶録』（傳記文學出版社）等を参考に、ご説明させていただく。

まず、「励志社」（英語名 Officers' Moral Endeavor Association＝軍官道徳励進会）であるが、これは、

一九二九年一月に日本軍の軍人クラブである偕行社に倣い、蔣介石によって設立された組織である。黄埔軍官学校や中央軍官学校の出身者ならば、誰でも加入できたが、その際には社長である蔣介石の前で宣誓をする必要があった。蔣介石直轄の軍人クラブとでもいえばよいであろうか。そして黄仁霖氏は設立初期から励志社の総幹事（蔣介石直下の総責任者）を務めている。

「黄仁霖」氏は一九〇一年江西省出身、アメリカのヴァンダービルト大学卒、コロンビア大学の政治経済学修士であり、上海キリスト教青年会（ＹＭＣＡ）幹事を務めたプロテスタントである。いわゆる軍人ではない。また、黄仁霖氏の義父の余日章氏（中国基督教青年会全国協会総幹事）は、蔣介石と宋美齢が結婚する際の立会人であり、黄仁霖氏は縁故面で、蔣介石夫妻と強い結びつきがあった。そして、蔣介石が各地に出かけるときの宿泊等の手配は全てこの黄仁霖氏が務めた。また英語に堪能であり、欧米の軍政要人の賓客の世話は全て担当し、「招待将軍」（最終位は中将）と呼ばれるほどであった。後のカイロ会談にも通訳として蔣介石とともに参加している。蔣介石の個人的秘書も兼ねた腹心中の腹心とでもいえよう。二〇〇六年に北京で黄仁霖氏の回憶録が再版されているが、その副題『我做蒋介石〝特勤总管〟

黄仁霖

四十年（私の蔣介石の〝特務機関長官〟としての四十年）』が、彼の蔣介石との関係をよく表している。

そして、「戦地服務団」は、一九三七年七月七日の盧溝橋事件勃発後、寄り合い所帯の国民党の各軍事勢力を蔣介石の指揮の下に統合し、戦時体制をととのえる中で、各戦闘部隊をサポートする部隊として設置されたものである。その際、蔣介石は、その任務を信頼のおける励志社に託した。よって、励志社総幹事の黄仁霖氏が戦地服務団の団長となったのである。黄仁霖氏によると、戦地服務団は実際のところ、励志社に軍事上の立場を持たせただけであったという。

戦地服務団は、具体的には、募兵、負傷兵のケア、輸送、宣伝等各種工作、など幅広く後方支援活動に従事した。例えば約五万人のアメリカの援華志願兵の世話などを担当したのもこの部隊である。日本語で言えば、古い言葉であるが「戦務」であろう（「戦務」は日本海軍の秋山真之が作り出した言葉であり、その詳細は、『「戦務」が組織を動かす』髙雄宏政著　世界文化社　に詳しい）。

さて、このように蔣介石の腹心中の腹心であり、戦務部隊の責任者であった黄仁霖氏にミルズ氏の提案は伝えられたのであった。彼は、その場では前向きな反応を示していないが、当然このミルズ氏の安全区での中国軍支援プランは蔣介石に報告されたであろうことは間違いない。

（2）中国側のミルズプランへの協力・活用

これで、先に指摘した、上海安全区と南京安全区での蒋介石の対応の違いの謎が解ける。蒋介石は上海安全区も南京安全区も両方承認しているが、なぜ、南京にのみ、食糧・資金を援助したのか、理由が明らかであろう。南京の安全区は、中立でなく、中国軍を支援保護しようという試みであると伝えられたからこそ、蒋介石は南京の安全区・国際委員会にのみ、食糧・資金を提供したのである。

そしてまた、中国軍の砲台が安全区に残っていたこと、戦闘後は中国兵が多く安全区内に潜伏したことなどは、この宣教師たちとの密約の上での行動と考えるのが妥当であろう。

ラーベ日記において、ラーベ氏が、中国軍が安全区から立ち退かないことに対して、何度も抗議し、憤りを覚えていることが記されている。一方、アメリカ人宣教師たちの記録では、それに対し、全く咎めていない。それどころか、先に確認した、フィッチ氏においては、それを無かったことにしている。

そして中国軍もラーベ氏の抗議を意に介していない。国際委員会を押さえているのはアメリカ宣教師団であり、彼らからは事前に中国軍支援意向を知らされているのであるから、当然の事であろう。

同様に戦闘後の、敗残兵の安全区内への潜伏も、意図的なものであったであろう。そもそも、ミルズ氏のプランは「混乱と略奪（disorder and looting）」の中での支援保護である。中国側が、兵士に安全区内への潜伏を奨励しても何の不思議もない。そして、中国軍の潜伏敗残兵に対しての、アメリカ宣教師団の非難が全くないことは指摘したとおりである。

ちなみに、ラーベ日記には、毎晩のようにラーベの家を訪問して扉を叩くという奇妙な日本兵が出てくる。

「今、これを書いている間も、庭に通じる裏口の扉を日本兵がこぶしで叩いている。ボーイが開けないでいると、壁の上から頭が出てきた。懐中電灯とともに私が突如現れると、彼らはあわてて退却する」（一九三七年十二月十六日　ラーベ）

ラーベ氏は日本兵の仕業としているが、これは中国側の工作活動の一環であろう。南京戦後、そのまま南京に潜伏した中国軍輜重部隊の責任者、郭岐氏の証言を引いてみよう。

「夜の間は獣兵〔＝日本兵〕は難民区の内外を問わず、活動する勇気がなく、兵隊の居住する地区を守る衛兵がいるだけで、このときが活動の機会となった」（郭岐「南京陥落後の悲劇」『南京事件資料集2　中国関係資料編』青木書店　P二三四）

要するに、夜は日本兵は活動していないとしている。危険な夜に、中国兵が潜んでいる安全区（この郭岐氏の記録自体がそれを証明している）で、わざわざ日本軍は行動しないのは当然である。南京事件の日本語文献を総覧して分析された冨澤繁信氏は以下のように記している。

「夜は日本兵は外出禁止であった。夜の中国の街は当時は真の暗闇であった。初めての中国の首都の大きな街で闇夜に一人で外出すれば、帰れなくなる。また便衣の敗残兵の餌食にされる危険があった。しかも戦闘部隊は常に兵力を確実に把握しておかなければならないので、第一線部隊は必ず点呼をやっていた。従って夜、禁を破って外出する兵は殆どなかった」

（『南京事件の核心』Ｐ八五）

よってこのラーベ家を夜訪問して扉を叩くという行動も中国兵によるものと思われる。夜間でよく見えない中、ラーベ氏は日本兵によるものと判断したのであろう。先に確認したように、宣教師たちもそのようにラーベ氏に吹き込んだであろうから。

（3）協力関係の隠蔽

ところで、ラーベ日記に不思議な記録がある。

「黄〔仁霖〕大佐と興味深い話し合いをした。彼は安全区に全く反対だ。彼の意見では、そんなものがあると軍紀が乱れるという。『日本が征服する全ての土地はひとかけらまで、我々の血を吸う定めなのだ。南京は最後の一人まで、防衛せねばならない。あなた方が安全区を設けなかったら、いまそこに逃げ込もうとしている人々は、我々の兵士たちの役にたてたのだ』 なんとひどいことを言うのだろう」（一九三七年十二月六日 ラーベ）

先に確認したように、黄仁霖氏が率いている「戦地服務団」は、戦務部隊であり、直接交戦する部隊ではない。また、そもそも黄仁霖氏は先に確認したようにミルズ氏から、直接に安全区での中国軍への支援保護プランを聞かされ、そして蔣介石はすでに、このミルズプランへの承認の証として食糧と金銭的援助を与えている。黄仁霖氏はこの全ての過程に携わる当事者である。安全区（とミルズプラン）が蔣介石から承認された後に、中国側当事者が安全区を否定するなどあり得ない。よってこの黄仁霖氏の発言は意図的なカモフラージュであろう。

その目的の一つは、現地の主戦派の軍人へのポーズであろう。黄仁霖氏が軍人クラブである励志社の総幹事であったことは既に述べたが、彼は元々軍人でない。そのため、周囲の生粋の軍人集団、特に黄埔軍官学校卒業者からの風当たりが強かった。戦闘前から戦闘意欲を削ぎかねないようなことに賛成を明言するわけにはいかない、そのためのポーズと思われる。

また、より重要な目的は、これはラーベ氏に向けての発言であるので、むしろこれは、中国軍とアメリカ宣教師団の密約を、国際委員会委員長のラーベ氏に隠すためのカモフラージュと思われる。

当然ながら、市民保護のために中立であるはずの国際委員会は、日本軍・中国軍の双方から一定の距離をとる必要がある。特に国際委員会を代表するラーベ委員長においては、そのような立場であると信じ切って、行動してもらわなくてはならない。この、安全区で中国軍を支援保護するというミルズ氏のプラン（つまり安全区は中国軍の支援保護のためにあるという真実）は、ラーベ氏に絶対に感づかれてはならないものであった。よって、ラーベ氏に対して、このような、安全区・国際委員会の存在に否定的なポーズをしたものと思われる。

ミルズ宣教師による安全区での中国軍支援保護の申し出が、蔣介石腹心のこの黄仁霖氏に伝えられていたことを知った上でラーベ氏の日記を読むと、黄仁霖氏の安全区拒絶発言を真に受けているラーベ氏のピエロぶりが、非常に際立つ。ラーベ氏を騙すことにおいても、アメリカ宣教師団と中国側の共同作業であることがわかるのである。

4．宗教団体による〝布教活動〟が意味するもの

さて、ここまで、南京でのアメリカ宣教師団による中国軍への支援や、中国軍との相互の協力関係を論証した。しかし、南京に残留したアメリカ人宣教師たち十四人のみが、中国軍

支援保護活動・南京事件の創作に関わったという考えは正しくないであろう。

彼らはプロテスタントの宣教師であり、多くの信者を抱えていた。当時約五億人の中国人の中に約五十万人のプロテスタント信者がいた。地域により差はあると思われるが、南京の当時の人口を約二十万人とすると、単純計算で南京に二百人程度の中国人信徒がいたことになる。ミルズ宣教師は、南京で中国軍を支援保護すべきことを布教促進の文脈で語っているので、当然、中国人信徒もアメリカ人宣教師の下で同様の活動に従事したと考えられる。

実際に、中国人牧師による南京事件の訴えも残っている。中国人信徒による架空の事件の訴えを、アメリカ人宣教師たちが検証なく事実認定し、日本軍のせいにするという教団内部での自作自演も大いにありうるのである。

行為の主体が個人ではなく宗教団体であり、そしてその行為の目的が布教であるということは、教団メンバーを強く拘束する組織的活動となることを意味する。当然、活動も熱心かつ莫大なものになるのである。宗教団体による活動を分析する際には、この点も見逃してはならない視点であろう。

第四章　南京事件対外宣伝の構図

1．対外宣伝におけるアメリカ宣教師団と中国側の協力関係

先に、アメリカ宣教師団と中国側の南京における協力関係を明らかにしたが、次は、南京事件の対外宣伝に関しての、アメリカ宣教師団と中国側の協力関係について検討する。まず、いくつかの事例において具体的な協力関係を確認しよう。

①『戦争とはなにか』

まず、発信源の分析でも取り上げた『戦争とはなにか（What War Means - Japanese Terror in China）』について検討しよう。当時の中国側の資料を確認すると、国民党の『中央宣伝部国際宣伝処工作概要　一九三八年から一九四一年四月』中の国際宣伝処の対敵宣伝科工作活動概況では、『外人目睹之日軍暴行（＝『戦争とはなにか』）』が、国際宣伝処が編集印刷した対敵宣伝書籍であると明記されている（『南京「虐殺」の最前線　平成十五年版』P二六四―二六五）。こ

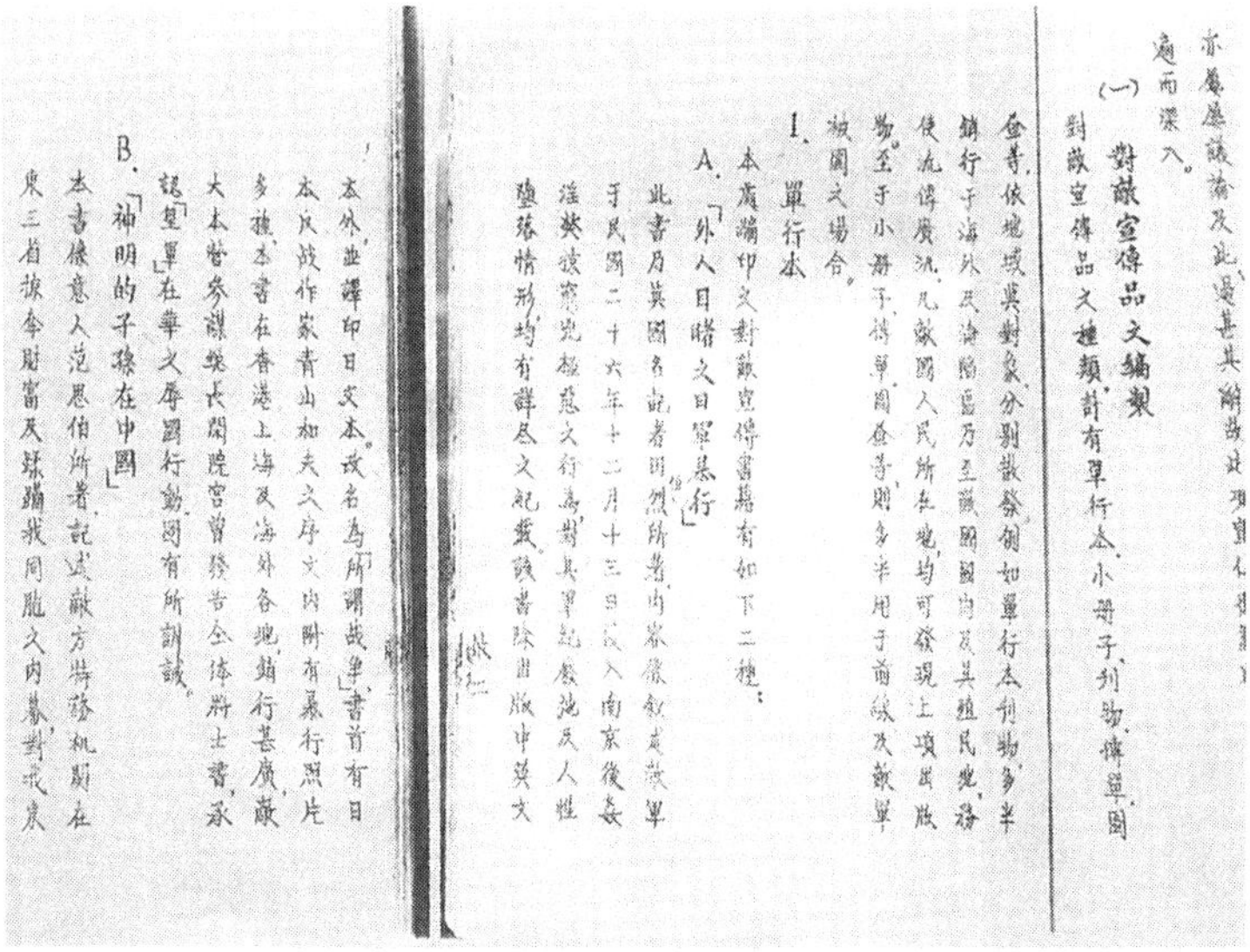
亦屢屢議論及此、遂甚其辦法此項宣傳……
適而深入。
(一) 對敵宣傳品之編製
對敵宣傳品之種類、計有單行本、小冊子、刊物、傳單、圖
畫等。依地域與對象、分別散發、例如單行本、刊物、多半
銷行于海外及淪陷區、乃至敵國國內及其殖民地、務
使流傳廣汎。凡敵國人民所在地、均可發現上項出版
物。至于小冊子、傳單、圖畫等、則多半用于前線及敵軍
被圍之場合。
1、單行本
本處編印之對敵宣傳書籍有如下二種：
A.「外人目睹之日軍暴行」
此書乃英國名記者田伯烈所著、內容敘述敵軍
于民國二十六年十二月十三日攻入南京後姦
淫焚掠、殘酷兇惡之行為、對其軍紀敗壞及人性
墮落情形、均有詳盡之紀載。該書除出版中英文
本外、並譯印日文本、改名為「所謂戰爭」、書前有日
本反戰作家青山和夫之序文、內附有暴行照片
多種。本書在香港、上海及海外各地、銷行甚廣、敵
大本營參謀長閑院宮曾發告全体將士書、承
認「皇軍」在華之辱國行動、因有所訓誡。
B.「神明的子孫在中國」
本書係美人范思伯所著、記述敵方特務機關在
東三省掠奪財富及蹂躪我同胞之內幕、對於……

国際宣伝処工作概要
(『南京「虐殺」研究の最前線 平成十五年版』より)

れは要するに、『戦争とはなにか』は中国側が、編集、出版した反日宣伝書籍ということである。

また、国際宣伝処の処長を務めた曽虚白氏は、以下のように記している。

「われわれはまず、金を使ってティンパーリとティンパーリ経由でスマイスに依頼して、日本軍の南京大虐殺の目撃記録として二冊の本を書いてもらい、印刷・刊行することを決定した」

(『曾虛白自傳　上集』聯經出版事業公司：以後『曽虚白自伝（上）』P二〇一)

ここで、二冊の本とは、ティンパーリ氏の『戦争とはなにか』に加えスマイス宣教師の『南京地区における戦争被害（War Damage in the Nanking Area)』のことである。前述したように、『戦争とはなにか』における南京事件の記録は、アメリカ人宣教師たちの記録と、国際委員会による事件記録である。これは結局アメリカ宣教師団による記録であることは、先にご説明したとおりである。

ちなみにティンパーリ氏は、上海事変後に組織された「抗敵委員会」のメンバーであったことが、『曽虚白自伝（上）』Ｐ二〇〇に記されている。彼は南京戦以前から、中国側と協力関係にあった人物である。

つまり、『戦争とはなにか』を出版するに際しては、中国国民党の国際宣伝処が、対敵宣伝の目的で、資金を出して、以前から協力関係にあったティンパーリ氏を使ってアメリカ宣教師団の記録を纏め上げ出版したのである（この際、アメリカ人宣教師たちも編集に携わっていたことは、ベイツ―ティンパーリ往復書簡『南京事件資料集1　アメリカ関係資料編』Ｐ三五二―三七六から明らかである）。

②フィッチ宣教師の南京事件アメリカ国内講演旅行

フィッチ宣教師が、マギー宣教師が撮影したという南京事件の証拠といわれるフィルムを持って、アメリカ国内を講演して回ったことは著名であるが、土田哲夫氏は『重慶国民政府史の研究』（石島紀之・久保亨編　東京大学出版会）Ｐ一三三にて、国際宣伝処の関与を指摘されている。

ちなみに、当時マギーフィルムの上演とともに実行したアメリカ国内の講演旅行の記事では、フィッチ氏の肩書が、「南京包囲戦開始時に蔣介石に任命された戦地服務団顧問」（一九三八年六月十二日　オークランド・トリビューン紙）とされている。これはフィッチ氏が、会場でそのように言ったのであろう。フィッチ氏は自伝でも、戦地服務団顧問であったことを記している（『My Eighty Years in China（revised edition）』P83）。この「戦地服務団」は先に紹介したように、黄仁霖氏が率いていた戦務部隊（宣伝活動も含む）である。またそもそも黄仁霖氏とフィッチ氏は両者とも、中国のＹＭＣＡで主導的な役割を担っており、昔から非常に密接な関係であった。

フィッチ氏のアメリカ国内での反日宣伝が、国際宣伝処からの依頼によるものか、または戦地服務団顧問の活動の延長、のどちらであるのか定かではないが、いずれにせよ中国政府は、フィッチ宣教師を後押しし、南京事件の宣伝をしたのである。

③『南京安全地帯の記録』

また、よく知られた事実であるが、先に紹介した、国際委員会が当時南京から発信した日本軍による事件記録等を纏めた『南京安全地帯の記録（Documents of the Nanking Safety Zone）』は、冒頭に、「重慶の国際問題委員会の支援の下に準備された」と記載がある。これは要するに、中華民国政府の指導下での出版ということである。また、編者の徐淑希博士（Shuhsi Hsü Ph.

D）は、実は中国人のプロテスタント（長老派）である（『The China Christian year book 1934-35』への寄稿により確認できる）。

アメリカ人宣教師たちが中心となって記録・発信した事件記録を、中国人のプロテスタント牧師が編集し、中国政府の指導の下で出版したのである。ここでも、アメリカ宣教師団と中国政府の非常に密接なつながりが伺える。

これらに共通するのは、南京事件の記録を提供しているのは全てアメリカ人宣教師たちであり、中国側は、その記録を広く世界に発信することを後押ししているという事実である。そして発信の内容に関して中国側が関わるのは、編集程度で、彼らはアメリカ人宣教師たちの記録自体には手を加えていない。中国側の国際宣伝手法の特徴といえよう。

2．中国側の対外宣伝方針

（1）各国際宣伝担当者の意向

さて、それではここで中国側の対外宣伝の方針を確認しよう。蔣介石は、「外交は無形の戦争」と位置づけ、国際宣伝にも力を入れていた。国際宣伝を担った各担当者の意向をご紹介したい。

中国側で、主に国際宣伝に携わったのは、中央宣伝部の副部長（就任当初は軍事委員会第五部〔宣伝担当〕の副部長）であった董顕光氏であり、彼が全責任を負った。部長は政治的な理由で度々変わったが、副部長の彼だけは不変であった。

董顕光氏について、彼の自伝『ある中国農民の自伝』（一個中國農夫的自述、台湾新生報：以後『董顕光自伝』）を基に、ご紹介しよう。

董顕光氏は、一八八七年浙江省でクリスチャンの家に生まれたクリスチャン（プロテスタント）である。実は蔣介石とは生まれ年、出身地が一緒である。さらに、董顕光氏が家庭の事情から若年ながら奉化の中学で英語教員となった際、そこに蔣介石が在籍していたという奇縁があった。その後、ミズーリ大学でジャーナリズムを専攻、コロンビア大学で修士号を取得した。卒業後は記者として活動し、一九二九年からは上海の英字新聞『大陸報』の社長兼編集長を務めるなど、民間の報道人として活躍していた。そして一九三五年に、病を得て大陸報を辞めた後、国民党政府にスカウトされ、外電検査担当（外国人による中国報道のチェック担当）となった。その後、彼が国民党政府の国際宣伝の責任者に任命されたのは、一九三七年十月であるが、当時の彼の役割認識をご紹介しよう。

「私の責任は、外国記者を制限して如何に〔不都合なことを〕書かせないようにするか、から一歩進むことが必要で、如何に彼らを説き伏せて我々の言い分を採用させ、彼らが書い

たものとするかであった」（『董顕光自伝』Ｐ七一）

外電検査から国際宣伝（チェック機能から宣伝機能）への役割の進化が明瞭であろう。
また、董顕光副部長の下で国際宣伝処処長を務めた曽虚白氏は、当時の国際宣伝の方針について明確に記している。

「我々はこの時期の国際宣伝について、中国人は絶対に自ら表に出てはならず、我々の抗戦の真相と政策をよく理解する国際友人を探して我々の代弁者とすることを決定した」（『曽虚白自伝（上）』Ｐ二〇一）

要するに、外国人を前面に出して、中国側の主張を代弁してもらうということである。董顕光氏の意向と重なることがご理解いただけるであろう。また、宣伝対象に関して、董顕光氏は以下のように述べている。

「〔上海戦時〕上海で、私は一つの工作目標を決定した。それは上海在留の外国人である。この少数の外国人の目に映った日中戦争の様子を、大洋を隔てた向岸の彼らの本国の人々まで広め、世界の世論にするのだ。最もその中で重要な影響力を持つのは、いくつかの英語国

家の人々である」（『董顕光自伝』Ｐ七三）

中国現地にいる外国人を通じて、世界世論を作ろうという意向、そして英語圏への宣伝を重視していることが伺われる。

さて、董顕光氏、曽虚白氏と中国側の主な国際宣伝担当者をご紹介したが、もう一人、中国側の国際宣伝における重要人物を紹介しよう。蔣介石夫人である宋美齢である。宋美齢について、『宋姉妹』（伊藤純・伊藤真著　角川書店）を参考にご紹介する。

宋美齢は、プロテスタントの両親、父宋嘉樹・母倪佳珍の三女として一八九七年上海で生まれ、十歳の時に、長女靄齢を追いかける形で次女の慶齢（のちに孫文夫人）と共に、アメリカに渡っている。その後、ウェスレイアン大学（ジョージア州）、ウェルズレイ大学（マサチューセッツ州）を経て、二十歳で帰国している。当然英語は堪能である。ウェルズレイ大学はボストン郊外の名門校であり、ヒラリー・クリントンの母校でもある。蔣介石とは一九二七年に上海で結婚した。その際、当時の蔣介石夫人（陳潔如）と離婚すること、蔣介石がキリスト教に入信すること等が結婚の条件であったといわれている。

この宋美齢は国際宣伝に関する明確な意思を持っており、実は董顕光氏を国際宣伝の責任者にするよう強く推薦したのも宋美齢であった。彼女の考えを確認しよう。

「蔣夫人（＝宋美齢）は、中国が危急存亡の瀬戸際にあり、アメリカの新聞で好意的に書かれることがいかに重要であるかを、このとき政府の中で最もよく理解していた。夫人は少時からアメリカで教育を受け、またアメリカ政界の要人から非常に大きな敬意を受けるに至っており、よってアメリカ人の心理を掌を指すが如く正確に観察することが出来た。彼女は常にアメリカの刊行物を大量に検閲し、アメリカの政府、民間が中国の諸々の問題をどのように表現しているかについて、細心の注意を払っていた」（『董顕光自伝』Ｐ七二）

蔣介石の外交に大きな影響を与えていた宋美齢は、明確にアメリカ世論を味方につけることを意識していたことがわかる。

（２）蔣介石の国際宣伝指示

中国側の国際宣伝のおおよその方針はご理解いただいたと思われるので、次に、蔣介石の具体的な指示を確認しよう。以下、土田哲夫氏の研究『中国抗日戦略と対米「国民政府外交」』（『重慶国民政府史の研究』Ｐ一三二―一三四）を基にご説明させて頂く。

一九三八年二月蔣介石は、「アメリカ世論の同情を引き、アメリカ政府の〔対日〕制裁措置実施を促す」目的で、アメリカに人を派遣して日本軍暴行の写真と中国製映画をアメリカ各地で展示・上演させる旨の指示を出した。その指示に対して董顕光氏らが建議した主な施策は以下である。

A　張彭春〔著名な演劇専門家〕をアメリカに送り、宣伝工作を行わせる。

B　アール・リーフ〔元UP通信記者。中国政府が雇用〕をニューヨークに送り、中央宣伝部のアメリカ支所を設立させる。

C　アメリカ人宣教師のフランク・プライス〔孫文『三民主義』の英訳者〕を雇い、ワシントンで中国側宣伝物を広く配布させ、またアメリカの著名人にこれらを使って各地で宣伝、講演させる。

D　中国戦区でアメリカ人宣教師を多数物色し、渡米させて中国の戦場での見聞を講演させる。

E　漢口〔南京陥落後の首都〕にいるアメリカ人記者に中国に有利なニュースを発するよう働きかけ、また外国人に頼んで日本軍の暴行を描いた専著を出版させる。

そして、彼らはこの建議の通りに実行した。さらに、資金を出して「不参加日本侵略委員会（American Committee for Non-Participation in Japanese Aggression）」をアメリカ国内に立ち上げ、最終的にはアメリカ世論を誘導し、米国政府の対日軍事物資禁輸へとつなげたのである。このように中国側の反日宣伝は、大きな戦略に則ったものであった。

さて、南京事件の宣伝に関しては、先の建議の中で該当するのはD、Eであろう。先のフィッチ氏のマギーフィルムを持ってのアメリカにおける南京事件講演旅行の後押し、ティンパーリ氏の反日書籍『戦争とはなにか』の出版支援、等がこの方針の下にあることが明らかであろう。

（3）国際宣伝における「南京事件」の位置づけ

しかし、ここで一つ、著者が強調したいのは、蔣介石の指示や国際宣伝担当者が明らかにするように、中国側による反日宣伝は、特に南京事件に限ったことではないということである。南京事件の宣伝に関し、董顕光氏は以下のように回想している。

「この暴行〈＝南京事件〉に対し、欧米の政府による実際の制裁等は無かったが、世界の同情が我国に向かい、一致して日本の侵略の非人間的な野蛮行動を譴責し、我々の今後の宣伝を有利に進める形勢を作ることが出来た」（『董顕光自伝』Ｐ七九）

要するに、中国側による南京事件の宣伝は、有効な反日宣伝の一つであったが、あくまでも様々な反日宣伝の一つでしかなかった。

中国側の反日宣伝はさまざまな場面で行われた。一例を挙げれば、爆撃があった上海の線路上で一人泣いている赤ん坊の写真は、『ライフ』誌一九三七年十月四日号で大きく取り上げられ、世界中で反響があった。董顕光氏は自伝で以下のように記している。

「私は中央通信社内に、非常に効果的な撮影班を設置することができた。この撮影班は、活動開始時はスタッフ一人、ニュース撮影が専門の王小亭だけであった。かつて彼の撮影した若干のニュース写真が、全世界の報道紙に普く採用されたことがある。特にあの上海戦のとき、一人の孤児が爆撃された鉄道のレールの上に坐って泣いている写真は、日中戦争中、同業者からの称賛を最も受けた傑作だった」（『董顕光自伝』Ｐ七五）

しかし、上海で市民大虐殺があったという話にはならなかった（今では赤ん坊を線路にセッティングする映像もあり、プロパガンダと判明している）。南京のアメリカ宣教師団のように、それを事実と証言する、第三者とされる外国人がいなかったからである。

南京事件の宣伝は、中国側の反日宣伝の一施策であることは明白である。しかし、中国側の活動は、アメリカ宣教師団が創作した南京事件の普及を後押しするという、あくまでも補助的なものであった。南京事件宣伝の核となる〝客観的な第三者〟とされた南京のアメリカ宣教師団による、記録・発信がなければ、上海の赤ん坊の写真と同様、一過性のイメージ操作で終わったことであろう。

上海の線路上で一人泣いている赤ん坊の写真

南京事件宣伝が中国の反日宣伝の中で大成功を収め、東京裁判でも〝事実〟とされるほどの根拠を持っていたのは、南京事件の核心が、中国による創作ではなく、〝客観的な第三者〟とされた南京のアメリカ宣教師団による創作であったからである。これが、中国側の反日活動をいくら究明しても、南京事件の謎が永遠に解けない理由なのである。

第五章　東京裁判

1．アメリカ宣教師史観の虚構

（1）「信憑性のある中立的証人」の検証

現在、一般に流布している、南京事件の見方は〝アメリカ宣教師史観〟とでもいうべきものであろう。東京裁判で検察側の証言の中心を形成したアメリカ人宣教師たちを中立の第三者として、彼らの行動を正当化し、その証言に信憑性を認めたものである。戦後の中国側の宣伝や、戦後一部の日本人により提起された〝新発見〟の事件記録等は、このアメリカ宣教師史観の延長上に、創り出されたものである。

東京裁判で南京戦責任者の松井石根大将を有罪とするにあたり、圧倒的に有力とされたのは、「いろいろな国籍の、また疑いのない、信憑性のある中立的証人」の証言であった。ここで、それらを改めて確認してみよう。その証言を列挙すると、まず、ウィルソン氏、ベイツ氏、マギー氏による実際に東京裁判に出廷しての証言。そしてスマイス氏、フィッチ氏、マッカラム氏によって、宣誓の上で提出された日記や声明等の書面。これらは全てアメリカ宣教師団のメンバーによるものである。

そして、アメリカ大使館員による報告書、国際委員会が取り纏めた「南京安全地帯の記録」、ドイツ人ラーベ氏のドイツ大使館への報告、ドイツ人ファンケルハウゼン中将がトラウトマン大使に提供した「あるドイツ人目撃者による報告」、これで全てである。

では、一つ一つ確認していこう。まず、ドイツ人ファンケルハウゼン中将がトラウトマン大使に提供した「あるドイツ人目撃者による報告」であるが、目撃人物を特定していないので、ファンケルハウゼン中将の手を経ていることによって、一定の信憑性を確保しているように見える。しかし、ファンケルハウゼン中将は、既に阿羅健一氏が『日中戦争はドイツが仕組んだ――上海戦とドイツ軍事顧問団のナゾ』（小学館）の中で明らかにされているように、蔣介石の軍事顧問であり、中立性の観点からそもそも論外である。

また、ドイツ人ラーベ氏の記録には虐殺の目撃はなくアメリカ人宣教師たちからの伝聞ばかりであり、ラーベ氏自体、アメリカ人宣教師たちの操り人形であったことも検証した。要するにラーベ氏の報告は、アメリカ宣教師団の証言の二番煎じに過ぎない。

そして、国際委員会はアメリカ宣教師団そのものであり、国際委員会が取り纏めた「南京安全地帯の記録」は実質的にアメリカ宣教師団による記録であることも、先に確認したとおりである。

またアメリカ大使館員が取り纏めた報告には、日本軍の虐殺や暴行を大使館員が目撃したという記録はなく、虐殺等の事件記録はアメリカ人宣教師たちの報告によることも先に確認した。結局、アメリカ宣教師団の証言がカギになるのである。

そしてアメリカ宣教師団は、表面的には中立の第三者を装いつつも、実際は中国軍支援保護を宣言し、そしてその通り実行したこと、また戦闘後も中国軍を継続支援するためには彼らが安全区を維持し続ける理由となる、日本軍による恐怖統治を宣伝する必要があったこと等はこれまで縷々説明した。また、中国側に宣教師たちの安全区での中国軍支援保護意向は伝えられており、両者の協力関係が見てとれることも指摘した。よって、「いろいろな国籍の、また疑いのない、信憑性のある中立的証人」の証言は全く信憑性がないことは明らかであろう。

(2) 国際委員会メンバーシールズ氏の見方

ここで、東京裁判には登場しない、真の第三者の意見に耳を傾けてみよう。先にご紹介した、国際委員会に名を連ねつつも、アメリカ宣教師団の影響をあまり受けていない、イギリス人ビジネスマンのシールズ氏は、南京安全区国際委員会を以下のように評価する。

「実際にはきわめて〝パルチザン〟なもの」(一九三八年四月二十五日　コヴィル)

このパルチザンとは、ほぼレジスタンスと同義である。非正規軍の反抗組織である。つまり、中立からは程遠いことを証言している。そして、

「日本軍には安全区を拒否する十全な権利があり、委員会の提案は、日本軍の軽蔑に価し、実際に軽蔑を受けた、恥ずべきものであった、というのがシールズの意見であった。彼の名前がどんな形であれ委員会に連なっていたことを、彼は遺憾に思っている」(同)

安全区には何の正当性もなく、国際委員会の提案は恥ずべきものであった、としている。そして、結局そのような組織に名前が連なったことを遺憾に思っている。

これが、中国側からも、日本側からも独立した第三者による、国際委員会への評価である。国際委員会は、アメリカ宣教師団そのものであったことは既に確認した。アメリカ人宣教師たちを中立の第三者とする、「アメリカ宣教師史観」の虚構はこのシールズ氏の証言からも明らかであろう。

2．偽造文書の存在

ところで、先に確認した、ファンケルハウゼン中将がトラウトマン大使に提供したという

「あるドイツ人目撃者による報告」（石田勇治編訳『資料 ドイツ外交官の見た南京事件』大月書店P四―一〇）は、非常に興味深いものがあるので、ここで少し内容を検証したい。

同書の編訳者の石田勇治氏は、その目撃録を内容からラーベ氏によるものと推測されているが、結論から言えばこれは完全なる偽造文書である。その証明は簡単で、「南京城内に残ったヨーロッパ人は総勢わずか二二人で、南京国際委員会として、一一月中旬に設立準備された安全区の管理を引き受けた」と記していることから明らかである。ラーベ氏をはじめ、アメリカ人宣教師たちから招かれ参加したメンバーは、委員会のメンバーであることを強く認識していた。これはラーベ日記を確認すれば明瞭に分かることである。残留した二十二人の欧米人（ドイツ五人・オーストリア一人・ロシア二人・アメリカ十四人・デンマーク人・イギリス人・ドイツ人・アメリカ人 計十六人〈または十五人〉）、と国際委員会のメンバー（デンマーク人・イギリス人・ドイツ人・アメリカ人 計十六人〈または十五人〉）の使い分けは明確である。ラーベ氏においては、メンバーの誰をどの役職に就けたかということまで、日記に残している。仮に残留した二十二人が国際委員会のメンバーとすると、残留者の中のロシア人もそのメンバーということになる。そのような認識はラーベ氏をはじめ、ドイツ人メンバーには全くない。よって、二十二人の国際委員会メンバーという言い方は、中国側か、または、自分たちが前面にでなければ何でもよかったアメリカ人宣教師たちによる表現であろう（ちなみに日本側も戦線後方記録映画『南京』において、「二十二人の外〔国〕人によって組織された国際委員会」と誤認している）。

さらに、この偽造文書「あるドイツ人目撃者による報告」が興味深いのは、先に、南京にいた欧米人の発信において検討した、シンドバーグ氏が翻訳したという南京郊外の棲霞山での事件報告を、補強していることである。さきに紹介した、国際委員会がまとめた事件報告中の、棲霞山での事件の訴え（第一章3．（4）参照）において、シンドバーグ氏は単に翻訳しただけとわざわざ記しており、事件報告に対し、何の責任も負っていない。さらに、その報告は具体性に欠け、証拠能力は極めて弱い。しかしこの事件報告は、宣教師たちにとって非常に重要であった。この報告は宣教師たちがいた南京城内ではなく、全く関係のない南京郊外の事件報告だからである。

つまり、この事件があることで、日本軍の暴虐は、アメリカ人宣教師たちがいた南京城内に於いてのみではなく、別の場所でも発生していることになる。これは、アメリカ人宣教師たちが非常に気にしていたことであった（ベイツ氏はティンパーリ氏と『戦争とはなにか』の内容を纏める際のやりとりでも、南京以外の事件を記載することに拘っている）。

アメリカ人でなくドイツ人による貴重な目撃証言というだけでなく、南京城内以外の場所での日本軍暴虐証言という点でも、「あるドイツ人目撃者による報告」は宣教師たちにとって重要なものだったのである。よって、わざわざ作成されたのであろう。

ちなみに、東京裁判には提出されていないが、先の『資料　ドイツ外交官の見た南京事件』（P五〇―五八）には、「あるドイツ人目撃者による報告」の姉妹版として、末尾の二文が全く同一という、同一人物により書かれたと思われる文章（作成者はクレーガー氏と記されている）も収録されている。これも同様に棲霞山での事件記録を補強している。そしてまた文中には、「残留した総数二二人の西洋人によって一一月中旬、『南京難民区国際委員会』が設置された」との記載があり、同じ理由で偽造文書なのである。

これらの文書の作成過程は、ラーベ氏の日記が一九三八年一月二十九日に宣教師のフィッチ氏により、上海まで持ち出されているので、それを基にした、フィッチ氏と中国側の合作と考えるのが妥当であろう。先に紹介したようにフィッチ氏は、中国軍の「戦地服務団」顧問であったので、蔣介石の軍事顧問であったファンケルハウゼン中将とのコンタクトは容易であったろう。

このように、当時から存在する偽造文書の存在が、逆説的に、南京事件の創作という事実を裏付けるのである。

3．埋葬問題・人口問題

（1）埋葬問題

埋葬人数に関しても検証しよう。東京裁判において、十万人以上の虐殺があった根拠のひとつが、埋葬記録といわれる。裁判への提出資料によると、紅卍会が四万三千七十一人、崇善堂が十一万二千二百六十六人の埋葬を実施したとされている（『日中戦争史資料8　南京事件Ⅰ』河出書房新社　P三七四―三八〇）。このなかで、崇善堂の活動が確認できないことは、以前から様々指摘されているが、それは、以下のシャッフェンベルク氏の当時の記録からもうかがえる。

「街の中心部から死体を運び出す作業も熱心に行われている。現在、紅卍会は、三万人の死体を下関に埋葬する許可を与えられている。一日の処理量は六百体。死体は石灰を塗されて麦わらのマットで包まれ、足をもってぶら下げ、その後、市内の集団墓地で、また石灰とともに埋葬される。約一万体は処理済みとのことだ」（一九三八年三月四日　シャッフェンベルク）

この記録からは、埋葬するには日本側の許可が必要であること、紅卍会が処理した死体の数は約三万体であることがうかがえる。紅卍会による東京裁判への提出記録では約四万体である。一万体の誤差はあるが、規模感は一致していることをご確認いただけるだろう。

一方で、このシャッフェンベルク氏の埋葬に関する記録には、崇善堂は登場しない。東京裁判における崇善堂の提出記録によると、崇善堂の死体処理数は、紅卍会の二倍以上である。崇善堂の活動が実際であったとすると、現地で観察していたシャッフェンベルク氏が、崇善堂に比べ二分の一以下の小規模な処理しかしていない紅卍会の活動のみを記しているのは非常に不自然である。

また、紅卍会は日本側の許可を得て死体を処理しているのであって、崇善堂が仮に死体埋葬をしたとしても、日本側の許可が必要であったろう。日本側が認識していないことはあり得ない。

これらから、東京裁判に提出された崇善堂の死体処理記録の信憑性は全くないと言えるだろう。埋葬記録からは、紅卍会により四万程度の死体の埋葬が行われたのみと、考えるのが適当と思われる。

南京戦における中国側の兵力は、諸説あるが、中華民国の戦史で採用する十万とするのが有力であるようである。十万人を超える死体（紅卍会に崇善堂分を合わせると十五万超の死体）があると、兵士だけでは足りず、市民大虐殺が必要となるが、四万人の死体ならば兵士数の範囲内であろう。戦闘時の死体とみなして不自然ではないと思われる。市民大虐殺の根拠とはならないことは明らかであろう。

(2) 人口問題

また、東京裁判で意図的に避けられた話題、人口問題に関してもここで検証しよう（弁護側が人口問題を取り上げると、ウェッブ裁判長により避けられ、そのまま取り上げられなかったことはよく知られていることと思われる）。

本書冒頭で、戦闘前に、南京城周辺は焼き払われ、日本軍は入城後、南京の出入りを制限したため、南京城内は概ね閉鎖空間といえることは説明した。そして、この閉鎖空間で国際委員会は、市民への食糧供給の一端を担っていた。彼らの人口認識を確認しよう。

まず日本軍が入城する前の人口認識である。

「安全地帯を運営する際には、総計約二十万人の世話をする必要があると見積もられている」（一九三七年十一月三十日　国際委員会から上海日本当局への電報告知　*Yale）

そして入城後は、市民は城内の安全区にほぼ全員いたそうである。

「貴国部隊が本市に入城した十三日、私どもは市民のほぼ全員を安全地帯という一地区に集合させていた」（一九三七年十二月十七日　南京安全地帯の記録）

そして入城後の人口認識は以下である。

「我々二十二人の欧米人は二十万の中国市民を食べさせ」（一九三七年十二月十八日　同）

「国際委員会が持っている食料ではこの二十万人を一週間しか養えない」（一九三七年十二月

二十一日　同）

「国際委員会は、日本軍が、十歳以下の子供、及びいくつかの地区では老人の女性を含めないで、十六万人を登録したと理解しております。すると、当市の人口は多分二十五万人から三十万人ということになります」（一九三八年一月十四日　同）

「南京市の二十五万人の市民を食べさせる世話をする問題について」（一九三八年一月十九日　同）

「二十五万の人口のためには少なくとも一日につき二千担、即ち千六百袋の米が必要」（一九三八年二月十日　同）

国際委員会は、戦闘開始前の一九三七年十一月三十日に市民人口を二十万人と見積もり、日本軍が入城した一九三七年十二月十三日以後もそのまま変更していない。そして、一九三八年一月十四日に、日本軍が実施した部分的な住民登録を基に、二十五万人と推計を上方修正している。そして、その後も一定として記している。この間、万人単位の人口の流入記録を、著者は寡聞にして知らない。あるのは南京城内が閉鎖空間であったという証言ばかりである。

もし市民人口が増える要因があったとすれば、潜伏した敗残兵が住民になりすますことであるが、多くても二、三千人程度であろう。想像すれば容易にわかると思うが、二十万人の市民の中に、万人単位で兵士が潜伏し、それを捜索していた日本軍が気づかないというのはあり得ない。

結局、国際委員会の記録から言えることは、彼らは「市民人口は一定」と考えており、一度、日本側の部分的なカウントを元に、人口認識の概数を二十万人から二十五万人へ上方修正しただけであった。南京城内における市民大虐殺はあり得ないことはあまりにも明らかであろう。だからこそ、東京裁判で人口問題の検討が避けられたのであろう。

第二部　南京事件創作の背景

1．在中国プロテスタント教会の行動指針

南京のアメリカ宣教師団が布教のために中国軍を支援し、その一端として、南京事件を創り出したことは第一部ですでに論証した。しかし、南京のアメリカ人宣教師たちは、中国での布教に尽力するプロテスタントの中のごく一部に過ぎない。首都南京で布教しているとはいえ、彼らが在中国プロテスタント教会の代表というわけではない。プロテスタントのごく一部が、南京で中国軍を支援することだけで中国布教に大きな影響を与えることが出来るのであろうか？　南京という限られた場所での支援の見返りに、中国政府は中国全土でのプロテスタント布教を後援するのだろうか？　非常に疑問が残る。

そこで、南京のアメリカ宣教師団の行動の動機をより正確に把握するために、彼らの行動の背景となる中国のプロテスタント教会全体の動きを確認しよう。

（1）全国基督教連盟による「新生活運動」支援決議

在中国プロテスタント教会と中国政府の関係を、非常に端的に示す決議文書があるので、ここで紹介する。一九三七年五月六日、上海で開催された全国基督教連盟（National Christian Council）の二年に一度の総会において、蔣介石夫人である宋美齢の呼びかけに応える形で、以下の決議がなされた。少々表現が古いが、名訳と思われるので、『東洋文化史上の基督教』

（理想社出版部　一九四一年）P四四六より、著者の溝口靖夫神戸女子学院大学部教授による訳をそのまま引用させていただく（旧字は現代のものに置き換えた。以後同様）。

「吾人は蔣夫人の全国基督教連盟大会に送れる声明を最大の関心と深甚なる謝意を以て迎ふるを得た。殊にその結語たる『再建に於ける最重要事は国民の精神的更生と、その人格の向上にある。この再建の大部分は断然教会の任務である。故に新生活運動と教会とは共に協力して進むべきものである。』とあるのは感銘に堪へない。（中略）故に吾人は左の事項を採決する。

（一）蔣夫人の全国基督教連盟に対する声明は漢文と英文とに於て印刷し、広くこれを頒布すること。

（二）新生活運動に於ける多くの理想は、基督教徒の予ての理想と同じものであるが故に、基督教徒は個人たると教会の団体たるとを問はず、共に出来得る限り新生活運動に協力を慫慂さるるものとす」

重要な決議なので、以下原文も付記する。

"We have heard with great interest and sincere appreciation the address of Madame Chiang to the National Christian Council Biennial Meeting, particularly where in the concluding paragraphs it is said; 'The most important factor in reconstruction is the spiritual renewal of the people and the improvement of their character. In a very large measure this part of reconstruction is pre-eminently the work of the church. Then let us do it together, - the New Life Movement and the Church.'

……

We therefore recommend:

(a) That Mme. Chiang's message to the N.C.C. to be printed for wide distribution in both Chinese and English, and

(b) That, recognizing in the ideals of the New Life Movement many of the same objectives that Christians have always sought, Christians, whether individuals or church groups, be urged to co-operate in the New Life Movement program as far as possible."

（『The China Christian year book 1936-37』P77）

全国基督教連盟は、一九二二年にプロテスタントの全会派集合の上で設立された、中国のプロテスタント教会を代表する組織である。よってこの総会での決議は、中国のプロテスタント教会全体の方針である。この決議の重要なところは、末尾の、蒋介石夫人の宋美齢の呼びかけに応え、『新生活運動』なるものに、キリスト教徒（プロテスタント）は、個人・団体を問わず、全面協力する、というものである。

（2）新生活運動とは

この『新生活運動』について説明しよう。

新生活運動とは、一九三四年二月に蔣介石が開始した、近代国家建設のための民衆の教化運動であり、忘れられた中国の伝統的な道徳「礼・義・廉・恥」を基本的な精神として、日常生活を厳格に律することによって達成しようというものである。しかし、新生活運動は単なる生活改善運動ではなかった。それは蔣介石が運動の初期から運動のスローガンとして、生活の三化「軍事化・生産化・芸術化（合理化）」を掲げたことに明らかである。

また、先に触れた『蔣介石と新生活運動』で著者の慶應義塾大学の段瑞聡教授は、蔣介石の新生活運動の目的は、自らの権威を地方に浸透させることであり、また、「蔣介石の政治目的および彼の国家建設理念の具現化」であった、としている。より新生活運動をご理解いただくために、新生活運動に関連する蔣介石自身の発言をいくつかご紹介する。

まず、新生活運動のスローガン、生活の三化の「軍事化」についての説明である。

「軍事化とはすなわち軍隊の組織・軍隊の規律・軍隊の精神・軍隊の行動および生活をもって、政治・経済・教育に普及せしめ、社会全体がそれによって一つの戦闘体になり、最終的に大衆すなわち軍隊、軍隊すなわち大衆、生活すなわち戦闘、戦闘すなわち生活という目的に達する」（一九三三年十月二日　南昌行営での演説『蔣介石と新生活運動』Ｐ一八三）

この発言から、軍事動員をも視野に入れたものであることが明らかであろう。

また、次の演説は、運動開始時に南昌でなされた市民大会でのものである。

「われわれ各界の同胞、とりわけ一般青年学生は、私がどんな人かを知っているのか。おそらく皆は私が以前は国民政府主席と革命軍総司令官になったことがあり、現在は委員長であることだけを知っている。……人間は生まれつき委員長になるのでもなければ、また生まれつき総司令官になるのでもない。……私が以前総司令官で、現在委員長になったのは、少年時代に最も厳格な教育を受け、小さい時から刻苦努力したことによってできたのである。……私は各界同胞が私蔣介石が父母と先生から非常に厳しい指導を受けた『整斉』で清潔な人であることを知ってほしい。……現在中国でたった私一人の蔣介石がいる。皆さんから始めて、将来何千何万人の蔣介石を育成し、革命指導者になり、国家民族のために力を捧げるのを期待している。最後に一言、つまり皆さん、私を手本として最大の決心と気力をもって新生活を実行し、中国革命を完成させよう」（一九三四年三月十一日『蔣介石と新生活運動』Ｐ一四四―一四五）

ここでは、教育・努力により個人が成功でき、そして革命が成就するということを示すとともに、そのロールモデルとして蔣介石を位置づけ、権威付けを進めている。

これらの蔣介石の発言から、新生活運動が、明らかに単なる生活改善運動ではなく、蔣介石への個人崇拝や、軍事動員をも含めた蔣介石の建国政治活動そのものであったことがご理解いただけるであろう。

要するに、先の全国基督教連盟の決議は、中国のプロテスタントの総意として、個人・団体を問わず、蔣介石の建国政治活動に全面的に協力する、という意思表明なのである。この決議のもつ重要さをご理解いただけたことと思う。

ちなみに新生活運動は、日中戦争勃発後に、〝予定通り〟国民党の「抗戦建国」という戦時体制に組み込まれ、「戦地服務」等の活動をも行うことになる（『蔣介石と新生活運動』P二二二）。

日中戦争勃発後、一九三八年二月十九日ラジオ演説にて蔣介石は、

「国民生活の軍事化、生産化および合理化（もしくは芸術化）を提唱したのは、……皆に国家の非常事態に対応させ、非常時に責任を持たせるためであった」（『蔣介石と新生活運動』P二一八―二一九）

と、運動開始当初から戦時の対応を想定していたことを明言している。

（3）宣教師たちは「新生活運動」の政治色・軍事色を把握していたか？

ところで、在中プロテスタント宣教師たちは新生活運動が軍事動員をも含む蔣介石の建国政治活動そのものである、ということについて気づかずに、新生活運動への協力を決議したのであろうか？　実は、中国で活動していたプロテスタント宣教師たちは明らかに新生活運動の本質を知っていた。例えば、全国基督教連盟（ＮＣＣ）の幹事、ロナルド・リース氏は、プロテスタントのリーダーたちは、この新生活運動の政治性・軍事性に当然気づき、警戒していたことを記している。

「新生活運動が始まってより、様々な機会に〔プロテスタント〕教会への協力要請がなされてきた。教会のリーダーたちは、公式に運動に参加することや、教会組織の中にその支所をつくることにためらいを示してきた。政府の最高位の人々によって推進されているのでその陰には何らかの政治的意図があるのではないかと、そして軍隊式の統制は危険だと、彼らは感じていた」（『China faces the storm』Ronald Rees, Edinburgh House Press, 1938, P61）

2．プロテスタント教会が政治に踏み込んだ理由

なぜ彼らは、その「新生活運動」の危険性を知りつつも、あえてこの時期（一九三七年五月）に、協力を決議したのだろうか？

そもそも蔣介石・宋美齢がプロテスタントであり、新生活運動にもキリスト教の影響があることは以前から宣伝されていた。そして、蔣介石・宋美齢の側からプロテスタント教会への新生活運動への協力要請は、設立当初の一九三四年からあった。そして運動の初期に、アメリカ公理会のＧ・Ｗ・シェファード氏やカナダ合同教会のＪ・エンディコットー氏らを新生活運動促進総会の顧問として招聘している。しかし前述のように、在中国プロテスタント教会の総意としては、当初は、ロナルド・リース氏のいう様な懸念から新生活運動とは距離を置いていた。

しかしながら、あえて、この時期（一九三七年五月）になって、新生活運動への全面協力、つまり蔣介石の建国政治活動への支援を明確に打ち出したのには理由が当然ある。大きく言えば以下の二点であろう。

①この時期にようやく、蔣介石の権力が国民党内で確立されたこと

②蔣介石・宋美齢夫妻は西安事件（一九三六年十二月）のヒーローであり、かつ蔣介石が表明した拘束時の信仰告白（一九三七年三月）が、キリスト教徒、特にプロテスタントに大いに感動を与え、一種の熱狂が起こったこと

（１）国民党政府内での蔣介石の権力の確立

まず、最初の点に関して簡単な中国史とともに説明させていただく。現代では蔣介石が孫文の後継者として、孫文亡き後、そのまま国民党を継承したかのような認識が広がっている（本人がそのように宣伝したためもある）が、それは全くの誤解であって、後継者争いには、多くのライバルがおり、紆余曲折を経て、蔣介石はようやく国民政府内で独裁的ともいえる権力を掌握したのである。

近年、この分野での研究が進んでいるので、以下、国民党内での蔣介石の地位の変遷について、蔣介石研究の泰斗、家近亮子敬愛大学教授の研究を参考に、簡単にご紹介する。

そもそも蔣介石は軍人であり、孫文にとって、欠かせない有能な将軍であったが、政治面での後継者としては全く見られていなかった。家近亮子氏は、「孫文の蔣介石評価は、軍人としてのものであり、あくまでも黄埔軍官学校の校長としての扱いに過ぎなかった。蔣は自分に向けられる孫文の眼差しに強い不満をもっていた」（『蔣介石の外交戦略と日中戦争』岩波書店　P四七）と蔣介石の不満を紹介している。事実、一九二五年三月十二日に孫文が北京で客死したあと、広東の国民政府を継承したのは汪兆銘であった。

その広東政府の武漢移転後、一九二七年四月十二日に上海で反共産勢力の所謂、「四一二クーデター」が発生し、蔣介石は大いに軍事的に貢献したにも関わらず、一九二七年四月十八日に設立された南京国民政府の主席に就任したのは胡漢民であり、蔣介石は南京国民政府の設立メンバーにすら入っていなかった。独裁的な傾向を持つ蔣介石は、共産主義者からだけではなく、民主制を進めるリーダーたちから大いに反発を受けていたのである。その後、蔣介石は南京政府と武漢政府の合流のための障害であるとされたため、同年八月国民革命軍総司令の職を辞し下野している。

しかしその後、武漢・南京両政府は南京に合流するも様々な政争があり、結果、蔣介石は一九二八年一月四日に国民革命軍総司令に正式に復職している。そして同年八月には南京国民政府主席に就任するも、その政治的権力は、制度上、集団指導体制である中央政治会議の監督下という限定されたものであった。そこで一九三一年三月、蔣介石は主席への権力集中を図る法案を通そうとしたところ、当時、立法院院長であった胡漢民の猛反対にあった。そこで胡漢民を南京郊外で幽閉し（湯山事件）、新たに立法院院長を立て、同年五月に強引に法案を通した。それに対し、反蔣介石の広東臨時国民政府が立ち上がるなどの猛反発を受け、結局同年十月に胡漢民を釈放した。釈放された胡漢民は上海で汪兆銘と会談し、両者で、実務上の責任は国民政府主席ではなく行政院が負うこと（＝蔣介石の政治的権力の否定）や、総司令を廃すべきこと（＝蔣介石への軍事的権力集中を否定）等の基本方針を決定した。それに対し蔣介石は、「およそ胡〔漢民〕、汪〔兆銘〕先生の同意したことに対して、私が同意しないことはあり得ず、その通りにするつもりである」（『蔣介石と南京国民政府』家近亮子著 慶應義塾大学出版会 P一四九）と表明せざるを得ず、その後一九三一年十二月十五日、二度目の下野となるのである。これは政治的には完全敗北であった。
ここで、「汪兆銘」、「胡漢民」についてもう少しご紹介しておこう。彼らは、孫文逝去後の中国史における重要人物である。蔣介石と彼らの分合は、元国民党中央党史委員会主任の蔣永敬氏の『多難興邦：胡漢民、汪精衛〔兆銘〕、蔣介石及國共的分合興衰1925－1936』（新鋭文創）に詳しいが、ここでは、家近亮子氏が、両氏を蔣介石との関係において、ごく簡潔にまとめているので、それをご紹介させて頂く。

「汪精衛〔兆銘〕は、一八八三年五月四日生まれで、蔣介石より四歳年上、胡漢民は七九年一二月九日生まれで八歳年上であった。また、汪も胡も広東省の知識階級の出身でともに科挙に合格し（汪は秀才、胡は挙人）、日本の法政大学に留学し、関係は極めて密であったといえる。日本での革命活動では中国同盟会の機関誌であった『民報』を編集するなど、国民党内の論客として活躍し、孫文の信頼も篤かった。彼らは蔣介石の軍事力を必要としたが、蔣が個人独裁をおこなうことには強い拒否反応を示し、集団で反蔣運動を起こしていった」（『蔣介石の外交戦略と日中戦争』P五二）

汪兆銘、胡漢民との関係を把握することにより、蔣介石の国民党内での立ち位置が一層明確になったかと思う。

さて、一時的に下野しようと、蔣介石が軍事的な実力者であることは変わらなかった。よって軍人としてすぐに復権している。ただ、一九三二年三月に成立した、所謂「蔣・汪政権」では、政治は行政院院長の汪兆銘、軍事は軍事委員会委員長の蔣介石という分担制であり、蔣介石の権力はあくまでも軍事面に限るという形での復権であった。

そのような状況の中、一九三四年二月に蔣介石は南昌で新生活運動を開始したのである。前述の段瑞聡氏は、蔣介石の新生活運動には、「当時国民党内において弱体化した自らの権力を強化し、それを地方に浸透させる目的もあった」と指摘している。また、運動の推進方法として、軍事委員会委員長である蔣介石が、国民党中央と国民政府を超越して直接に各省・市政府に命令を出したことは、「明らかに越権行為であった」とも指摘されている。

この新生活運動が一定の成功を収め、蔣介石が権力を掌中に収めてゆく一方で、政治上のライバルたち、汪兆銘は一九三五年十二月に持病と狙撃の傷を理由に行政院院長の職を辞し（結果、蔣介石は行政院院長〔＝政治上のトップ〕の地位をも手にした）、そして、胡漢民は一九三六年五月に急死するのである。この時期になり、ようやく蔣介石が、国民政府の唯一の最高指導者と認められはじめたのである。現地中国で詳細に中国国内事情を観察している宣教師たちも強くそのように感じたことであろう。また、もう一つの政治勢力である毛沢東らの共産党は反宗教であり、そもそもプロテスタントとは相容れない。プロテスタントとして、仮に、中国の政治勢力で支援するならば、蔣介石の一択となったことであろう。これが、一九三七年五月の先の「新生活運動」支援決議に繋がった一因と思われる。ちなみに、その後の一九三八年の三月には、蔣介石は国民党総裁の地位に就任し、さらにその地位を固めている。

(2) 西安事件後の蔣介石の信仰告白

もう一つ見逃せないのは、西安事件(一九三六年十二月)の影響である。読者は意外に思われるかもしれない。現代では西安事件をきっかけに第二次国共合作が開始され、対日圧力が強まった面のみが広く知られている。しかし拘束から無事生還した蔣介石、そして拘束先に自ら乗り込んで、夫の蔣介石を無事救出した宋美齢はヒーローであり、また蔣介石が、監禁時の苦難の中、キリストの愛を再確認したという信仰告白は、キリスト教徒、特にプロテスタント(蔣介石・宋美齢ともにプロテスタント)に大きな感動を与えた。これは、キリスト教世界にとって大変なニュースであった。溝口靖夫氏は、「かかる言葉(=信仰告白)は支那の基督教徒のみならず、欧米の基督教徒に対する親善の表明に資する処大なるものであった」と分析されている。

一九三七年三月二十六日、聖金曜日(復活祭前の金曜日)に、南京にて開催された、メソジスト・エピスコパル教会の東アジア中央会議に蔣介石が送ったメッセージの冒頭部分を、先ほどと同様に、溝口靖夫氏の訳でご紹介させていただく。

「宗教的信念なくんば人生を理解することは出来ぬ。……予は今日まで約十年間基督教信徒としての信仰を持し、その間常に聖書を離したことがない。予が二週間の西安幽閉生活に於て、この時程聖書が予に感動を与へしことを知らない。この不祥事は全く突如として行はれたので、予はこの監禁生活に於て殆ど無一物であった。予がこの時監禁者に乞ひしものは一巻の聖書に他ならなかった。孤独の生活は読書と冥想とに充分の機会を与へたのである。而もこの時予の心に新たなる霊感を与へたものはキリストの偉大さであり愛であった」（『東洋文化史上の基督教』Ｐ四四七）

これに対し、前述の全国基督教連盟〔ＮＣＣ〕の幹事ロナルド・リース氏は以下のように、真のキリスト者として蔣介石を絶賛している。

「〔蔣介石〕総司令官の個人的な信仰と経験は十年の間成長を続けた。……西安での囚われの間、彼が記した日記と一九三七年の聖金曜日にメソジストのエピスコパル会議に送ったメッセージは〔以下を〕明らかにしている。苦しい時に祈りをささげた革命の英雄、孫文の感化を認めている。しかし、彼は、〔復讐という〕悪への誘惑にさらされ、そして彼の敵たちを許したように、今や彼自身がイエス・キリストの、より偉大な感化力を証明している」（『China faces the storm』P48）

※蔣介石が、メソジスト教会の江長川牧師より洗礼を受けたのは、一九三〇年であるが、一九二七年のプロテスタントの宋美齢との結婚に際して、入信するという宋美齢の両親との約束があった。そのため一九三七年の時点において、蔣介石の信仰の期間を十年としている。

蔣介石が西安事件に際して、改めて信仰に目覚めたのかどうかはわからない。ただ、右記のメッセージを、復活祭前の金曜日という節目のプロテスタントの会合にあえて送付し、自らを真のキリスト者として、（さらには孫文の正統後継者として）宣伝したのは政治家蔣介石として面目躍如といったところであろう（当然、背後には、アメリカで教育を受けたプロテスタントであり、彼らの心理を知り尽くした、宋美齢の指導があったことは想像に難くない）。

一応、申し添えておくと、蔣介石はこの西安事件後に突如としてプロテスタントから注目されたわけではない。先にご紹介したミルズ宣教師は以下のように、既に一九三一年に、蔣介石のキリスト教への理解、また受洗について、非常に高く評価していることを記している。

「興味深いことに、この〔信教の自由は国民党の方針の基本原則であり続けるべきだという意見が政府内部で有力な考えだと、ミルズ氏に伝えられたことの〕関連で、蔣介石主席が一九二九年十月のＹＭＣＡの全国大会に寄せたメッセージが〝信教の自由〟であったことが思い起こされる。この言葉以上に重要な言葉は選べない。……国民党の宗教に対する態度は今、第三の段階に入った。弾圧や不寛容は減った。これは疑いなく、蔣介石主席自身がキリスト教を祝福するという大胆な行動によるところが大きい。この行動により蔣介石主席は〝信教の自由〟という言葉が、彼の発言通りを意味することを示し、そして信仰の自由に代表される国民党宣言〔一九二三年〕が真実に原則を宣言したものであることを示した。蔣介石主席の改宗〔一九三〇年〕が、多分ほかの何よりも明確に、一九二六年以来辿ってきた長い道のり〔＝一九二五年の孫文死後のキリスト教に対する弾圧とその終了〕を示している」（『The China Christian year book 1931』P81）

よって、西安事件後の信仰告白は、蔣介石への熱狂への最後の一押しとなったことであろう。これらの要素が組み合わさり、プロテスタント教会のリーダーたちは、「新生活運動」の政治的・軍事的な要素を十分認識しながらも、宋美齢の呼びかけに応える形で、在中国プロテスタント教会の総意として、全面的な新生活運動への支援方針、つまり蔣介石の建国政治活動への全面的な支援方針を打ち出したのであった。

3．全国基督教連盟の蔣介石支援決議が与えた影響

(1) 南京アメリカ宣教師団の行動と全国基督教連盟決議の関係

さて、在中国プロテスタント教会と蔣介石との協力関係を理解したうえで、南京のアメリカ宣教師団の行動を再度検討してみたい。南京でミルズ宣教師が、中国軍を支援保護しようと発言したこと（第一部 第二章3．(2) 参照）は、全国基督教連盟の新生活運動への全面協力決議、つまり蔣介石支援決議の延長にあることを概ねご理解いただけたことと思う。

ここで、より両者の関係を明確にするために、先にご紹介した、アメリカ宣教師団による南京安全区での中国軍支援保護意向をミルズ宣教師が伝えた相手、「黄仁霖」氏（第一部 第三章3．(1) 参照）の肩書をもう一つご紹介しよう。黄仁霖氏は、一九三七年二月、蔣介石より、「新生活運動」を取り仕切る新生活運動促進総会の〝総幹事〟に任命されている（『蔣介石と新生活運動』P一〇七）。

つまり、南京においてミルズ氏は、アメリカ宣教師団（プロテスタント）として、新生活運動の責任者である黄仁霖氏に、中国軍の支援保護を申し出たのである。新生活運動は、日中戦争勃発後に抗戦建国体制下に組み込まれ、戦地服務（＝中国軍のサポート）をも任務としたことは前述したとおりである。このミルズ氏の申し出は、全国基督教連盟が決議した、プロテスタントによる新生活運動への協力そのものであることが明らかであろう。

南京に於いての問題は、プロテスタントである南京のアメリカ宣教師団が、カトリックのジャキノ神父に倣い、難民保護を掲げ中立を宣言しながら、実際は中国軍を支援保護したことに尽きる。

中立と一方への支援は両立できない。蔣介石の建国政治活動への全面的な協力を決議しているプロテスタント宣教師たちが、中立的な組織を立ち上げるなど、そもそも不可能なことであった。この欺瞞を覆い隠すためにも、絶対悪としての南京での日本軍の残虐行為、つまり「南京事件」が必要とされたのである。

（2）ベイツ宣教師の懸念

ところで、南京事件の創作過程において広報担当として大活躍するベイツ氏は、一九三七年五月六日付の月次の中国情勢報告『National Affairs series from China Missions Newsletter　（*Yale）』で、以下のように蔣介石への傾倒を戒めている。

「孔祥熙〔妻は宋靄齢。よって蔣介石の義理の兄にあたる。プロテスタント〕の欧州歴訪、王正廷〔元中国基督教青年会全国協会総幹事〕の駐米大使としての出発、そしてキリスト教世界に広く宣伝された蔣介石による復活祭のメッセージに対しては、それに先だつ孔祥熙によるオックスフォードグループ〔アメリカ発祥のプロテスタントの活動の一つ〕の会合への電報やそのような彼らのコミュニケーションと同様に、理性的に慎重にならなくてはならない。彼らのような人々がキリスト教徒の立場をとることが喜びであるのは自然なことである。そして筆者〔＝ベイツ〕も個人的には、彼らの誠実さを疑ってはいない。しかしながら、現在の政府の一団への宣教師たちの熱狂は、欧米人一般の間に湧きあがった反響と期待と同様に危険がある。そもそも、キリスト教は、原則の上でも実際でも、どんな理由であれ、決して特定の政治党派に結びついてはならない。第二に、無警戒でよく知らされていない人々はこの政府全体、また特に彼ら個々人の行動や政策に対し、完全なる賛同を与えるように思う。実際、以前に比べての、中国人の生活の改善には希望を与えられる。しかし、それはほんの小さな始まりにすぎない。縁故主義や腐敗、極秘の検証されない農民の金の莫大な使い込み、危険な検閲と政治的司法によって守られている偏狭な官僚主義、上海の資本家に高い収益をもたらすように管理されている線路と郊外の再開発。これらの悪への責任は高々と積み上がっている。人間の性として、人は好い動機に感動しうるし、真実の奉仕を国民に対し提供しうるが、しかし、利益と不正行為の膨大な留保条件も保持している。我々は、新たな人間・新たな手法の、選択的でそして建設的な鑑定眼のある支援を必要としている。特定党派への熱狂による盲目ではなく。馮玉祥の件は、完全な類例とはならないが、今日への教訓である」

〝中国人の生活の改善〟、〝新たな人間・新たな手法〟といったキーワードから、これが新生活運動への支援を指していることは明らかである。そしてベイツ氏は、蔣介石の復活祭（正確には二日前の聖金曜日）へのメッセージ等の、中国側のキリスト教社会への一連の働きかけが熱狂を巻き起こし、結果的に、政治と距離をおくという教会側の原則を無視して、国民党や蔣介石などへの盲目的な全面支援となることを懸念している。特にクリスチャン・ジェネラルと呼ばれた馮玉祥※個人の名を挙げ、教訓としていることが、蔣介石個人への盲目的な支援となることへの、ベイツ氏の強い懸念を感じさせる。

※馮玉祥：一八八二年安徽省生まれ。一九一七年受洗。〝以教治軍〟を掲げ、クリスチャン・ジェネラルと呼ばれる。西北軍の重鎮。一九二四年にクーデター（北京政変）で、直隷派が掌握する北京政府に反旗を翻す。一九二六年国民党参加後は軍政部長等を務めるも、蔣介石との争い（蔣馮戦争一九二九―一九三〇）に敗れ、下野。度々ソ連・共産勢力とも手を結ぶ。一九四八年歿。一周忌には毛沢東が哀悼の詩を詠むなど共産党から評価されている。

これは一九三七年五月六日と記載があるので、宋美齢の誘いに応じて、全国基督教連盟が上海で蔣介石の新生活運動への全面支援を決議する正に同日書かれたものである。ベイツ氏は、全国基督教連盟が総会の開催と共に纏めていた膨大な年次（又は二年次）レポート『中国キリスト教年鑑（The China Christian year book）』に度々寄稿していた（ベイツ氏は一九三一年号、一九三二―三三年号、一九三八―三九年号に寄稿。ちなみにミルズ氏は一九三一年号、一九三六―三七年号に寄稿し、一九二八年号では編集委員を担っている）。全国基督教連盟の活動に深く関わっていたため、事前に宋美齢からの働きかけの情報があったのであろう。

結局、ベイツ氏の懸念は、全国基督教連盟（ＮＣＣ）が、プロテスタントの総意として新生活運動への全面支援を決議し、それがそのまま蔣介石の建国政治活動への全面支援となることで現実になった。そして南京においては、ミルズ氏のリーダーシップの下、カトリックに倣い市民保護のための中立・非軍事地域の創設を宣言しながら、実際はその中立地域において中国軍を支援するという詐欺的行為を実行することになった。その過程において南京事件を創作したことは縷々説明した通りである。

この一連の経緯を、プロテスタント教会の内部から冷静に見ていたベイツ氏は、自らいかに危険なことを実行しているか、よく理解していた。だからこそ冷静な状況判断の上で、この宣教師団による、蔣介石・中国軍への支援が表に出ないように極力隠すことに様々な面で注力し、大きな成功を収めることができたのだと思われる。

（３）世界史の中での全国基督教連盟による蔣介石支援決議

アメリカは、日米の開戦前の支那事変当時、国家としては中立を保ち続けたことは知られている。しかし、一方で、複数のアメリカ人のプロテスタント宣教師たちが、中国政府の意向を受けて、活発にアメリカ国内で世論工作のロビー活動をしたことは、前述の『重慶国民政府史の研究』中の土田氏の研究に詳しい。ただし、彼ら宣教師たちの行動の背景として、先の全国基督教連盟による新生活運動への支援決議、つまり蔣介石支援の意思表明があったことは十分に考慮すべきであろう。個々のプロテスタント宣教師たちは、プロテスタント教会の大方針に沿って、蔣介石を支援したのである。

これは、南京事件の分析にとどまることではなく、全国基督教連盟による蔣介石支援決議が、結果的にプロテスタント諸国、特にアメリカの国家としての意思決定、個々のアメリカ人の行動にどのような影響を与えたのかという非常に大きな問題である。例えば五万人もの援華志願兵が、アメリカの国家としての中立を無視して蔣介石支援を実行したことなども、関係性を検討すべきであろう。今後、この分野での研究が進むことを願いたい。

4．南京事件――時系列整理

さて、プロテスタント全体の動きを理解した上で、「南京事件」の関連事項を時系列で眺めてみよう。この流れを追うことで、南京事件がいかなる経緯で創作されたのかが明確になるかと思われる。テーマごとに、簡単に見出しを付けた。

〈**プロテスタントが蔣介石支援を決定するまで**〉

一九三四年二月　蔣介石が南昌にて新生活運動開始

その後、蔣介石の政治上のライバルが次第に失脚（一九三五年十二月汪兆銘行政院院長辞任。一九三六年五月胡漢民急死）

一九三六年十二月　西安事件発生。蔣介石が共産党側に拘束される。宋美齢（蔣介石夫人）等の仲介を基に、釈放

一九三七年三月　聖金曜日（復活祭の前々日）に、南京のメソジスト教会の会合に、蔣介石が、西安事件での拘束時における信仰告白を送付。プロテスタントたちの間で蔣介石への熱狂が起こる

一九三七年五月　全国基督教連盟の総会において、宋美齢の呼びかけに応える形で、蔣介石の「新生活運動」への、個人・組織を問わない全面的支援を決議（＝蔣介石の建国政治活動への全面支持）

〈**「安全区」というアイデア**〉

一九三七年八月十三日　第二次上海事変勃発

一九三七年十一月九日　カトリックのジャキノ神父が上海安全区を創設。日中の合意により正式発効。松井大将は一万円を寄付。中国側からの寄付は特に記録なし

〈中国軍支援保護のための南京安全区設立〉

一九三七年十一月十八日　南京にて、南京安全区の創設計画をプロテスタント宣教師内部で報告。その際、安全区発案者のミルズ宣教師により、中国軍支援保護の意思が表明される。同日、蔣介石の腹心であり、「新生活運動」促進総会の総幹事である黄仁霖氏に対し、このミルズ宣教師のプランを通知

一九三七年十一月十九日　アメリカ宣教師団を中心に、国際委員会結成。二十二日ドイツ人ラーベ氏を委員長に担ぐ。日本に対し安全区設立を提案

一九三七年十一月二十九日　蔣介石が南京安全区国際委員会に対し、十万ドルの寄付を表明

（ラーベ日記より）

一九三七年十二月二日　日本側は南京安全区の不承認を通知

一九三七年十二月十日　南京城総攻撃開始

一九三七年十二月十三日　日本軍南京城入城。入城後の日本軍からの難民区（安全区）解散要請をアメリカ宣教師団は断固拒否

〈南京安全区の存在と共にある「南京事件」〉

一九三七年十二月十五日―　ベイツ宣教師の声明を基に、「南京事件」が南京を離れた記者たちにより発信される。以後、国際委員会を通して、または宣教師個人で、安全区の存在を

正当化する様々な「南京事件」報告を発信。並行して安全区内で中国兵の支援保護を実施
一九三八年二月四日　日本軍が半強制的に難民を帰宅させる。安全区（難民区）は実質的に解散
一九三八年二月十八日　南京安全区国際委員会改称（以降国際救済委員会）
一九三八年二月二十三日　委員長のラーベ氏が南京を離れる
一九三八年三月四日　南京の治安回復を確認（ドイツ大使館シャッフェンベルク氏）

〈アメリカ宣教師団と中国側の「南京事件」共同宣伝〉

一九三八年三月　宣教師フィッチ氏が中国側の支援の下、アメリカで南京事件の宣伝旅行を開始
一九三八年七月　『戦争とはなにか』アメリカ・イギリス・中国で刊行
一九三八年七月　リーダーズ・ダイジェスト（米）に『南京の略奪』掲載（フィッチ氏の記録）
一九三八年十月　リーダーズ・ダイジェスト（米）に『我々は南京にいた』掲載（ベイツ氏・ウィルソン氏・フィッチ氏の記録）
一九三八年十月頃　『南京地区の戦争被害』上海にて刊行（英文）
一九三九年三月　『南京安全地帯の記録』上海にて刊行（英文）

〈**日米関係・東京裁判**〉

一九四一年十二月八日　日米開戦

一九四五年八月十五日　終戦（玉音放送）

一九四六年七月十五日―　東京裁判にて、南京事件の審議開始。検察側証人として、宣教師のウィルソン氏、ベイツ氏、マギー氏が順次出廷して証言

一九四八年十一月十二日　東京裁判にて、南京戦責任者の中支那方面軍司令官松井石根大将に死刑判決

※戦後の中国側による宣伝等は、既に多くの研究があるので本書では省略。

第三部　「南京事件」の教訓

1．情報発信について――文書化の必要性

ここまでの説明で、「南京事件」がそもそもどのような背景・経緯で創られたのか、ご理解いただけたかと思う。では、その当時、日本側は何をすべきであったであろうか？

まず、情報発信における日本側の対応の明らかな欠陥を挙げたい。それは、宣教師たち・国際委員会の告発に対し、文書上、無反応であったことである。

当時南京にいた、日本大使館員の福田篤泰氏は、国際委員会の文書での事件告発に関し、フィッチ宣教師と共に現地で確認し、事実無根であることを把握していたと戦後に証言している。

「当時、私は毎日のように、外国人が組織した国際委員会の事務所へ出かけていたが、そこへ中国人が次から次へとかけ込んでくる。『いま、上海路何号で一〇歳ぐらいの少女が五人の日本兵に強姦されている』あるいは『八〇歳ぐらいの老婆が強姦された』等々、その訴えを、フィッチ神父（＝プロテスタントなので、牧師が適当と思われる）が、私の目の前で、どんどんタイプしているのだ。『ちょっと待ってくれ、君たちは検証もせずに、それを記録するのか』と、私は彼らを連れて現場へ行ってみると、何もない。住んでいるものもいない」

（『1億人の昭和史〈日本の戦史3〉日中戦争1』毎日新聞社一九七九年 P二六一）

この福田氏の証言は、当時のシャッフェンベルク氏の記録とも一致している。

「これらすべての暴行事件は、単に、一方の話を聞いただけだ」（一九三八年二月十日　シャッフェンベルク）

福田氏の証言は、一九七九年のものである。右記のシャッフェンベルク氏の記録が収録された、ヴィッケルト氏の編集によるラーベ日記が公刊されたのが、一九九七年である。よって福田氏の証言は、シャッフェンベルク氏の記録を参照してのものではない。福田氏の証言は、戦後の回顧談とはいえ、全く関連のない当時の文書に裏付けられているので、非常に信憑性があるものと思われる。

しかしここでの問題は、当時の文書記録として、福田氏がフィッチ氏と共に検証し、事件が架空であったことを確認した、とはどこにも残っていないことである。福田氏もこれを、公式に文書でアメリカに通知したとは証言していない。

この検証結果を、少なくとも、南京に残留した国際委員会のメンバーの国籍がある、アメリカ、ドイツに公文書で伝達すべきであったろう。後々、確認可能で証拠能力が高いものは、書かれたものであり、そして、公文書として対外的に認知されたものである。国際委員会は公的機関ではないが、彼らからの訴えは文書でなされたものであり、それに対して検証したのであれば、当然文書で返すべきであった。そして宣教師団・国際委員会に返答すべきというよりは、アメリカ、ドイツの大使館等公的機関に伝達するべきであったろう。

さらにいえば、国際委員会が中立を謳って設立した安全区には、中国軍の砲台があり、そして多くの中国兵がそこに潜伏した事実をも、少なくともアメリカ、ドイツに検証結果と共に正しく伝え、国際委員会の主張した中立性・非軍事性が全く守られていなかったことを非難・主張しておくべきであった。

この点において、アメリカ人宣教師たちの対応と、日本側の対応はあまりに対照的である。以下のベイツ宣教師による、ボイントン宣教師（Charles Luther Boynton 1881-1967　中国キリスト教年鑑の編集委員であり全国基督教連盟の中心人物の一人）への手紙は、彼らが文書記録として残すことの重要さを理解し、現在のためでだけなく、将来の情報戦をも見据えての対応を進めていたことを示している。

「スマイス博士があなたがたのために進めていた、安全区記録文書の完全なもしくはほぼ完全なセットの整理作業が終わりつつありますので、あなたに簡単な説明の手紙を書くのが、私［ベイツ］の役目と思います。……これらの記録は現在の利用価値はそう高くはないかもしれませんが、将来は、この基礎資料と「背景」の情報を持っていることが、あなたや他の者にとって役立つ状況が必ず到来するでしょう。……我々は、障壁に突き当たったり、放逐や追放の脅迫に直面した場合、いかなる時にも外部からの支援が必要となります。そのためにも、確かな筋による公刊が、こうした最重要の救済事業を救うために必要とされます。このことを熟慮したうえで、ティンパーリともう一人二人の人に、必要な時に直ちに宣伝できるように、準備をしてもらっています」（一九三八年二月一日　ベイツよりボイントンへの手紙『南京事件資料集1　アメリカ関係資料編』Ｐ一七〇―一七一）

南京事件においては、訴えられていたのは「日本軍」という日本の公的機関であり、当時から、日本側は国として歴史的検証に耐えうる対応をする必要があった。つまり、公の文書で対応する必要があった。福田氏だけの問題ではないと思われるが、そういった認識が薄いように思われる。戦後の発言においてもである。今後の教訓とすべきであろう。

2．日本側に見えていないもの――宣教師という存在

また、日本の情報収集上の問題も検討しよう。そもそも、本書で論証したような、蔣介石と中国のプロテスタント教会の協力関係を事前に日本側が把握できていれば、当然、適切に対応することも可能であったと思われる。

(1) 真相把握は可能であったか?

一九三七年五月に全国基督教連盟が蔣介石の〝新生活運動〟への全面協力を決議したことは、さきにご紹介した『The China Christian year book 1936-37』に記載されている。この本の出版は一九三七年十二月、アメリカのカリフォルニア州においてである。新生活運動が蔣介石の建国政治活動そのものであるという実態を理解した上で、この書籍をリアルタイムで入手し分析出来ていれば、一九三七年十二月の段階で中国におけるプロテスタントの総意としての蔣介石支援方針を把握できたはずである。当然、その動きを警戒し、南京においても対策をとることは可能であったろう。

また、南京におけるアメリカ人宣教師たちの反日活動の問題をきっかけに、プロテスタント宣教師の中国での動きについて研究することも可能であったと思われる。陸軍報道部長の馬淵逸雄大佐は『報道戦線』(改造社 一九四一年)P七二にて以下のように記している。

「南京には外(国)人記者が二、三居残って、市中を巡回した形跡があった。彼等は攻略日本軍の行動を観察して、アラ、欠点を探索し第三国の対日世論を悪化せしめんとするスパイ的存在であるので、之が行動を完封したのであるが、それにも況して悪影響の種子を蒔いたのは、米国宣教師達の悪質デマ通信であった。恰かも入城した日本軍が鬼畜の行動を為したかの如き通信をなし、世界の対日感情を悪化せしめた」

ここで米国宣教師（＝プロテスタント宣教師）に着目し調査をすすめれば、前述の一九四一年出版の『東洋文化史上の基督教』の中に、〝全国基督教連盟による蔣介石の新生活運動への全面協力決議〟の日本語訳が掲載されているので、南京のアメリカ人宣教師たちの反日活動の理由が理解できたはずである。

しかし、当時この二つを結び付けて南京事件を考察したものは確認できない。その原因は何であろうか？　著者は、日本において、「宣教師」という存在についての理解があまりに希薄なためではないかと感じている。

（2）宣教師とは？

キリスト教の宣教師たちは、魂の救済に加え、近代技術の普及、教育水準の向上などの文化活動も行い、さらに、布教先の国々の政治にも大きく関係してきた。その結果、政治との間で多くの軋轢もあった。

過去のキリスト教弾圧も、実は教義上の問題だけでなく、政治的なものが多い。中国史において一例を挙げれば、清代の有名な雍正帝によるキリスト教大弾圧（一七二三～）も、カトリックの教義と中国の既存思想との軋轢という、いわゆる典礼問題だけでなく、雍正帝の政治上のライバルを宣教師が支援したことが、大きな要因であった。

中国の近代史において、一八五一年の太平天国の乱、一九〇〇年の義和団事件、そして孫文を中心として成立した国民政府等、全てキリスト教の影響をうけている。そして、蔣介石の周辺はキリスト教徒（プロテスタント）だらけである。先にご紹介した、溝口靖夫氏は、「彼等〔蔣介石〕一門殆んど尽くが基督教信者であると云ふことは支那文化史上無視出来ない事柄である」（『東洋文化史上の基督教』P四四四）と記している。

しかしながら、戦前の日本において、中国のキリスト教の影響の分析は全く進んでいなかった。宗教史学の碩学、比屋根安定氏は、『支那基督教史』（一九四〇年　生活社）の自序において、

「従来支那史に於て基督教の方面は殆ど注目されず、最近我国に頓に起った各種の支那研究に於ても、基督教史は分野を与へられていない。然るに支那現地より来る報告の多くは、彼地に於ける基督教的勢力の甚深なるを伝えて已まず、我国が真に支那と親善を結ばんとするに臨み、彼地の基督教的地盤を無視する事は不可能に近い。対支文化事業の調査に於て、支那基督教史の研究は最も必須である」

と中国におけるキリスト教の影響力に対し、その研究が全く不十分であることを指摘されている。そしてさらに、

「支那に於て殉教の最後を遂げし外国宣教師は実に夥しき数に昇るべく、彼等の悲壮なる

生涯は、基督教を信奉しない者の到底理解し難きところである。（中略）支那に於ける基督教的勢力が、欧米の経済、外交、文化等の東漸と並行した点も亦認めねばならぬが、基督教は伝道的宗教であるといふ第一義諦に立つ事が、支那基督教史を探求する折の秘鍵である」

と、中国において、命懸けで布教に臨んだ宣教師が数多くおり、彼らの行動はキリスト教信者以外からは理解しにくいこと、そしてキリスト教徒の動きを理解するには、布教の観点からの探求がカギであることを指摘されている。

これは当然中国に限らないが、彼ら宣教師たちは、布教のために、時には命を懸けて様々な取り組みを実行するのである。その際に、時には世俗の法律を容易に犯すことは歴史が証明している。南京のアメリカ宣教師団の行動についても、その表れの一つとみなすのが適当であろう。

(3) 日本の情報収集上の欠陥

南京事件当時、中国国民党政府を代表する蔣介石の周辺は尽くプロテスタント信徒であった。そして、キリスト教勢力が政治に関係することは歴史上繰り返されてきたことである。当然、プロテスタント勢力と中国国民党政府の関係は深く研究されるべきであった。日本側の情報収集上のあまりにも明らかな欠陥である。

そしてまた残念ながらこの点は、現在でも認識されていないように思う。これが、「南京事件」についても解明が進まなかった大きな原因の一つであろう。今後当該分野の研究が進むことを強く願いたい。

また、今後同様の失態を犯さないためには、海外の情報収集体制を調えるべきであろう。海外情報収集の不備を全て外務省の責任にすることは簡単であるが、外務省が主に管轄しているのは国際関係、国と国との関係である。今回明らかにしたような宗教団体と政権の非公式な関係などは、それとは別の視点での情報収集が必要である。外交からも軍事からも独立した情報機関の設立を検討すべきであろう。アメリカのCIA等、主要国がそれぞれ独立した情報機関を保持しているのは理由があってのことである。

(4) 歴史は繰り返す

最後に一つ付記すれば、この「南京事件」は現在と切り離された遠い昔の出来事ではない。現在でも宣教師たちの布教への情熱は強く残っている。一例を挙げよう。

二〇一八年十一月、インド領の北センチネル島という、近代文明を拒否しており、インドでは法律で侵入を禁止していた島に、アメリカ人宣教師が勝手に侵入し、島民に殺されたという事件をご記憶であろうか。

この件について、著者はマイケル・ヨン氏(米国人、著書『決定版・慰安婦の真実』扶桑社、等)

「アメリカン・プログレス」ジョン・ガスト作（1872年）
マニフェスト・デスティニーの思想をよく表現しているとされる

と意見を交わす機会を得たが、マイケル・ヨン氏いわく、この宣教師は欧米のキリスト教社会ではヒーローであるとのことだ。彼は現地インドの法を犯して、立入禁止地域に侵入したわけであるが、その点を咎めるよりも、布教のために命を懸けたことが称賛されるようだ。インド政府や原住民にとっては全く迷惑な話であろう。これが二〇一八年の出来事であることを銘記されたい。マイケル・ヨン氏は、特にアメリカでは、未開地域への伝道を文明化と見做して絶対善とする、「マニフェスト・デスティニー（明白なる天命）」の概念が、布教への情熱を強く後押しすることを示唆されていた。

そして、日本の身近な国際関係で

も、キリスト教に着目すべきことを提言したい。例えば韓国のキリスト教信徒数は人口の約三割にものぼる（ちなみに日本では約一％である）。そして中でもプロテスタントが多くを占める（外務省ＨＰによると、プロテスタント六二・六％、カトリック三七・四％の割合である［二〇一八年三月二十七日現在］）。当然のことであるが、欧米（特に米国）の宣教師たちは韓国に多くおり、逆に今や韓国人宣教師も欧米に進出している。政府間とは別の密接な交流があることは当然であろう。

日韓関係に関して、米国を加えた、三か国の政府間関係、また経済的関係はよく国内メディアで説明される。しかし、大統領が宣誓時に聖書に手を置くキリスト教国である米国と、人口の三割をクリスチャンが占める韓国の、キリスト教を通した関係は国内メディアからは伝わってこない。日韓関係を再考しつつある昨今、国際関係をより正確に把握するため、この視点も必須のものと思われる。

アメリカの国内世論が不干渉中立に傾いていた時、在中国のプロテスタント宣教師たちは、全力でプロテスタントの希望の星（に見えた）蔣介石を支援し、中国側の宣伝工作と共にアメリカ世論を動かしたことを忘れてはならない。

昨今、米韓同盟消滅、そしてアメリカが朝鮮半島に無干渉になるかのような論を唱える方もいるが、約五千万人の韓国国民の三割、約一千五百万人のキリスト教徒を見捨てられるのか？　という視点での検討も必要である。「南京事件」の教訓は広く生かすべきであろう。

引用文献

引用文献は、基本的には、文中で示したが、度々引用するものについて、簡略表記で引用元を表した。対応は以下である。

・ラーベ／シャッフェンベルク：John Rabe, Der gute Deutsche von Nanking, 1997, DVA Erwin Wickert ［参考］南京の真実　平野 卿子訳　講談社（1997）

・ヴォートリン：Diary of Wilhelmina Vautrin 1937-1940, Yale Univ.［参考］南京事件の日々―ミニー・ヴォートリンの日記　岡田良之助・伊原陽子訳　大月書店（1999）

・コヴィル：Diaries of Cabot Coville 1938, Hoover Institution Archive.［参考］カボット・コヴィルの南京旅行記『南京事件資料集1 アメリカ関係資料編』青木書店 P110-121

・特務機関報告：南京「虐殺」研究の最前線　平成十六年版　展転社（2004）

・南京安全地帯の記録：Documents of the Nanking Safety Zone, 1939, Kelly and Walsh［参考］「南京安全地帯の記録」完訳と研究　冨沢 繁信　展転社（2004）

・*Yale：イエール大学神学ライブラリ所蔵（「The Nanking Massacre Archival Project」として、多くがウェブ上で公開されている）

※1　引用元が外国語表記のもので、特に記載がない場合は、著者による翻訳である。
※2　引用文中の傍線、〔　〕は著者の挿入である。
※3　［参考］の日本語訳（南京の真実・南京事件の日々）には、本書での引用部分が、一部採録されていないため、確認の際には注意されたい。
※4　既存の日本語訳を引用する場合でも、固有名詞の表記は著者の責任で全体の統一を図った。

あとがき――新たなものの見方《パラダイム》を探して

著者は、歴史家ではない。そもそも著者が南京事件を調べ始めたのは、平成二十七年十月の中国によるユネスコ記憶遺産登録がきっかけであった。当時著者は、国会議員の秘書として政界に身を置いていたが、中国の登録に対する政界の反応は全く煮え切らないものであった。一例を挙げると、菅義偉官房長官のコメントは、「政治利用をしてはならない」というもので、南京事件の有無、虐殺数の多寡に関しては全く触れていなかった。著者はそのことを責めてはいない。責任ある立場として、いい加減なことはいえないのは当然と思う。政治家が発言できないのは、南京事件の定説が定まっていないためではないかと思われた。そこで独自に調べ出したのが始まりであった。

既存の研究を概観すると、人口論から見て、数十万人の大虐殺はあり得ないことは明確であった。そして、いわゆる虐殺があった派の人々の主張で、検証に耐えうる虐殺事件記録は皆無であった。

しかし、南京事件はそもそもなかったとする人々の主張、基本的に南京事件は中国側の反日プロパガンダであり、現地でも一部それに加担する欧米人（例えば、ベイツ氏は当時の新聞で『中国中央政府顧問（advisor to the Chinese central government）』（一九三七年十二月二十二日　ニューアーク・

アドボケイト紙）と記載されている）がいた、という説も、十分に全ての証言を説明できていないことに気づいた。

例えば、東京裁判に出廷して南京事件の存在を証言したのは、ベイツ氏に加え、マギー氏、ウィルソン氏であり、仮にベイツ氏が中国側の人間であったとしても、後者二人の証言理由がわからない。また、既にご紹介した著書『大虐殺の目撃者たち：南京での日本の虐殺を書き残したアメリカ人宣教師たち（Eyewitnesses to massacre: American missionaries bear witness to Japanese atrocities in Nanjing）』を確認すると、当時、ベイツ氏に限らず多くの宣教師たちが、南京事件らしきものを記録に残していることがわかる。またそもそもベイツ氏を中国側の人間とする根拠も、当時の新聞で「中国中央政府顧問」と記載されているだけであって、その確かさへの疑問は残る。結局、なかった派も南京事件が架空であると十分に証明できていないのである。

その結果、あった派なかった派、どちらも確かなところがないので、各人信じたいところを信じるといった状況であると著者は理解した。

そこで著者は、原点に返り、欧米の一次史料を自分の目で確認することとした。そこで見えてきたのは、南京事件らしきものを発信しているのは、基本的にアメリカ人宣教師たちであり、そして彼らが南京残留外国人の大半を占めていたこと、そして安全区・国際委員会を作ったのも彼らであること、等であった。

次に国際委員会のメンバーを確認すると、残留メンバーにない名前が多く出てきて、違和感を強く覚えた。戦闘中の難民保護を目的に安全区を設立したメンバーが戦闘前にいなくなるというのはどういった事態であろうか？　この謎を探ろうと、国際委員会の設立経緯を知るべく、当該時期（一九三七年十一月）の宣教師たちの記録を確認した。すると、ヴォートリン氏の日記にて、布教のために中国軍を支援保護したいという旨のミルズ氏の発言、を発見したのであった。ミルズ氏は南京安全区の発案者であり、アメリカ宣教師団の中心的存在である。このミルズ氏の発言を中心に南京で起きたことを再整理することで、新たな南京事件の像を描くことが出来た。

しかし最後に、この南京のアメリカ宣教師団が、なぜこのように行動したのかについて、謎が残った。彼らは南京のみで完結する小さな新興宗教団体ではない。中国全土の布教を目指すプロテスタントのごく一部である。プロテスタント全体の動きの中で彼らの行動を理解する必要があると感じた。

そこで著者は、この時期の中国のプロテスタント宣教師についての研究書を捜したが、皆無であった。しかし、近いところで、『宣教師たちの東アジア　日本と中国の近代化とプロテスタント伝道書』（中村聡著　勉誠出版）という十九世紀の中国と宣教師を扱った書籍を見つけた。中国の十九世紀の宣教師を理解されているのなら、その後の二十世紀においての状況も何らかご存じなのではないかと、著者の中村聡先生にお話しを伺った。そこで様々なヒントをいただくとともに、数冊の本をご紹介いただいた。その中の一冊が『東洋文化史上の基督教』であった。同書を確認すると、全国基督教連盟による蒋介石の「新生活運動」への全面支援決議の記録が『The China Christian year book 1936-37』から引用されており、そしてさらに新生活運動が政治的なものであることをも示唆されていた。あとは新生活運動を調べることで全てがつながった。

結果は本文で記したとおりである。

著者はこれで南京事件の謎は解けたと確信している。ここで、この調査の経緯をご紹介するのは、これが既存のものの見方《パラダイム》を乗り越えるためのヒントになると思われるからである。既存のパラダイムの中で全てが処理できるのならば問題ないが、それでは十分に説明できない、機能していない場合には、新たなパラダイムを探さなくてはならない。

その際に、鍵になるのは、既存のものの見方で説明しきれない、イレギュラーな事実である。今回、新たな南京事件像を描くきっかけとなったのは、「南京安全区国際委員会のメンバー構成」であった。戦闘時の難民保護のために設立されながら、戦闘開始時には参加四か国中二か国のメンバーが全員いなくなっていたという、大変奇妙な事実があった。このイレギュラーの理由を理解するべく、安全区・国際委員会の設立経緯を調査することから、アメリカ宣教師団の真の安全区設立意図が明らかになり、新たな「南京事件」全体像を描くことが出来た。

逆に、ものの見方が確立されていない場合へもヒントになると思われる。南京事件前後の中国のプロテスタント宣教事情について、研究書は皆無であった。当然定説もない。全くの五里霧中であったが、関連のありそうな書籍から、その著者の中村聡先生にたどり着き、中村先生からご紹介いただいた書籍の中の一冊の中で、〝新生活運動への全国基督教連盟の全面支援決議〟を発見した。あとは新生活運動を調査することで、新生活運動を媒介とした蔣介石とプロテスタントの密接な協力関係を明らかにすることが出来た。

ものの見方が確立されていない中でも、目的を持って、関連する小さな手掛かりを幅広く追ってゆけば、何かのきっかけで、全体像が見えてくることと思う。

本書は南京事件に関しての、新たなパラダイム提示の試みである。結果的に南京事件に留まらないものになった。国際関係でも、社会の構造でも新たなパラダイムが模索される昨今、歴史分野における事例の一つとして参考になれば幸いである。

研究の経緯でご紹介したように、本書の中国プロテスタント宣教師研究は、玉川大学リベラルアーツ学部の中村聡教授に多くを負っている。この場をお借りして心より御礼申し上げたい。

また本書では、既存の南京事件研究への批判があるが、それは本書が、これまでの研究の試行錯誤の上に成り立っていることを意味する。先行研究を進められた諸氏に感謝申し上げる次第である。

最後に、図書館の貢献について少々触れたい。本書を執筆するにあたり、和文・英文・漢文・独文の様々な文献を探し求めたが、その際に、イエール大学神学ライブラリ（ウェブ）、国会図書館、東洋文庫、東京大学東洋文化研究所図書室等、多くの図書館を活用させて頂いた。国内で資料を閲覧できる環境があったので、本書を世に出すことが出来た。あまり触れられないが重要なことと思うので、感謝と共に各図書館の貢献が大なることをご紹介させていただき、筆を擱く。

池田　悠（いけだ　はるか）

昭和54年生まれ。東京大学経済学部卒。
通信技術系ベンチャー企業役員、衆議院議員秘書等を経て独立。
マネジメントコンサルタント・ジャーナリスト。

一次史料が明かす南京事件の真実
アメリカ宣教師史観の呪縛を解く

令和二年一月二十一日　第一刷発行
令和二年三月十八日　第二刷発行

著　者　池田　悠
発行人　荒岩　宏奨
発　行　展　転　社

〒101-0051　東京都千代田区神田神保町2-46-402
ＴＥＬ　〇三（五三一四）九四七〇
ＦＡＸ　〇三（五三一四）九四八〇
振替〇〇一四〇―六―七九九九二

印刷製本　中央精版印刷

©Ikeda Haruka 2020, Printed in Japan

乱丁・落丁本は送料小社負担にてお取り替え致します。
定価［本体＋税］はカバーに表示してあります。

ISBN978-4-88656-496-2